世界武器大全
系列丛书

U0274989

世界战机

大全 （图鉴版）

《深度军事》编委会◎编著

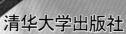
清华大学出版社
北　京

内 容 简 介

本书是介绍世界战机的军事科普图书，书中精心收录了二战以来世界各国设计制造的 200 余款经典战机，涵盖战斗机、攻击机、轰炸机、战斗轰炸机、反潜机、电子战飞机、武装直升机、无人机等类型，完整呈现了现代空战的武器面貌。每款战机都配有精美的整体鉴赏图和局部特写图，以帮助读者了解战机构造。为了增强图书的知识性和趣味性，部分战机添加了一则趣味小知识，作为延伸阅读。

本书结构严谨，内容分析讲解透彻，图片精美丰富，适合广大军事爱好者阅读和收藏，也可以作为青少年的科普读物。

图书在版编目 (CIP) 数据

世界战机大全：图鉴版 /《深度军事》编委会编著 . —北京：清华大学出版社，2020.5
（2024.10 重印）
（世界武器大全系列丛书）
ISBN 978-7-302-54327-5

Ⅰ . ①世… Ⅱ . ①深… Ⅲ . ①军用飞机—世界—图集 Ⅳ . ① E926.3-64

中国版本图书馆 CIP 数据核字（2019）第 262931 号

责任编辑：李玉萍
封面设计：李 坤
责任校对：张彦彬
责任印制：丛怀宇

出版发行：清华大学出版社
    网 址：https://www.tup.com.cn，https://www.wqxuetang.com
    地 址：北京清华大学学研大厦 A 座 邮 编：100084
    社 总 机：010-83470000   邮 购：010-62786544
    投稿与读者服务：010-62776969，c-service@tup.tsinghua.edu.cn
    质 量 反 馈：010-62772015，zhiliang@tup.tsinghua.edu.cn
印 装 者：小森印刷（北京）有限公司
经 销：全国新华书店
开 本：146mm×210mm 印 张：9.125 字 数：292 千字
版 次：2020 年 7 月第 1 版 印 次：2024 年 10 月第 8 次印刷
定 价：55.00 元

产品编号：082854-01

前　言

　　飞行一直是人类有史以来一个伟大的梦想。当我们的祖先凝望着天空展翅翱翔的雄鹰时，也一定想给自己插上飞翔的翅膀。千百年来，人类一直在探寻飞行的奥秘。直到 20 世纪初，美国莱特兄弟制造的第一架飞机——"飞行者 1 号"在美国北卡罗来纳州试飞成功，才使人类翱翔蓝天的梦想成为现实，世界战争史也因此发生了巨大的改变。

　　在诞生之初，飞机主要用于竞赛和表演。一战爆发后，这种"会飞的机器"逐渐被派上了用场，先是用于侦察，继而装上机枪专门进行空中格斗，后来又带上炸弹去轰炸敌方地面阵地。随着战机家族的不断壮大，飞机与战争的联系也越来越紧密。战机因应战争的需求而飞速发展，并不断改变着战争的形态。二战时期，各类战机随着战争的进程以惊人的速度发展。二战后，随着科学技术的进步，战机的战术技术性能不断取得突破性进展，武器作战效能越来越高，活动范围也越来越广，种类也越来越多。时至今日，各类战机在夺取制空权、防空作战、支援地面部队和舰艇部队作战等方面仍然发挥着巨大作用。

　　本书是介绍世界战机的军事科普图书，全书共分为 9 章，第一章简明扼要地介绍了战机的发展历程、战斗机世代的划分标准和战机的主要性能指标，其他各章分别介绍了二战以来世界各国设计制造的重要战斗机、攻击机、轰炸机、战斗轰炸机、反潜机、电子战飞机、武装直升机、无人作战飞机，基本涵盖了现代空战中所有执行直接作战任务的机种。通过阅读本书，读者可以全面认识这些空战利器，并在一定程度上了解世界主要军事强国的战机发展脉络和航空兵实力。对于想要进一步学习军事知识的读者，本书还设有配套的电子书，读者可以使用手机扫码书中的二维码进行拓展阅读。

　　本书是真正面向军事爱好者的基础图书，编写团队拥有丰富的军事图书写作经验，并已出版了许多畅销全国的图书作品。与同类图书相比，本书不仅图文并茂，在资料来源上也更具权威性和准确性。同时，本书还拥有非常完善的售后服务，读者朋友可以通过电话、邮件、官方网站和微信公众号等多种途径提出您宝贵的意见和建议。

　　本书由《深度军事》编委会创作，参与编写的人员有阳晓瑜、陈利华、高丽秋、龚川、何海涛、贺强、胡姝婷、黄启华、黎安芝、黎琪、黎绍文、卢刚、罗于华等。对于广大资深军事爱好者，以及有意了解国防军事知识的青少年来说，本书不失为最有价值的科普读物。希望读者朋友们能够通过阅读本书循序渐进地提高自己的军事素养。

目　录

Chapter 01　战机概述 1

战机发展简史 2

战斗机世代划分 4

战机性能指标 8

Chapter 02　战斗机 10

美国 P–51 "野马" 战斗机 11

美国 F4F "野猫" 战斗机 12

美国 F4U "海盗" 战斗机 13

美国 F6F "地狱猫" 战斗机 14

美国 F9F "黑豹" 战斗机 15

国 F–80 "流星" 战斗机 16

美国 F–82 "双野马" 战斗机 17

美国 F–86 "佩刀" 战斗机 18

美国 F–94 "星火" 截击机 19

美国 F–101 "巫毒" 战斗机 20

美国 F–102 "三角剑" 截击机 21

美国 F–104 "星" 战斗机 22

美国 F–106 "三角标枪" 截击机 23

美国 F–4 "鬼怪Ⅱ" 战斗机 24

美国 F–5 "自由斗士" 战斗机 26

美国 F–6 "天光" 战斗机 27

美国 F–8 "十字军" 战斗机 28

美国 F–10 "空中骑士" 战斗机 29

美国 F-11 "虎" 战斗机 30

美国 F-14 "雄猫" 战斗机 31

美国 F-15 "鹰" 式战斗机 33

美国 F-16 "战隼" 战斗机 35

美国 F/A-18 "大黄蜂" 战斗 / 攻击机 37

美国 F-22 "猛禽" 战斗机 39

美国 F-35 "闪电 II" 战斗机 41

俄罗斯拉 -5 战斗机 43

俄罗斯拉 -7 战斗机 44

俄罗斯雅克 -3 战斗机 45

俄罗斯雅克 -9 战斗机 46

俄罗斯雅克 -38 战斗机 47

俄罗斯米格 -15 "柴捆" 战斗机 48

俄罗斯米格 -17 "壁画" 战斗机 49

俄罗斯米格 -19 "农夫" 战斗机 50

俄罗斯米格 -21 "鱼窝" 战斗机 51

俄罗斯米格 -23 "鞭挞者" 战斗机 52

俄罗斯米格 -25 "狐蝠" 战斗机 53

俄罗斯米格 -29 "支点" 战斗机 54

俄罗斯米格 -31 "捕狐犬" 战斗机 56

俄罗斯米格 -35 "支点 F" 战斗机 57

俄罗斯苏 -27 "侧卫" 战斗机 59

俄罗斯苏 -30 "侧卫 C" 战斗机 61

俄罗斯苏 -33 "侧卫 D" 战斗机 62

俄罗斯苏 -35 "侧卫 E" 战斗机 63

俄罗斯苏 -57 战斗机 65

英国 "喷火" 战斗机 67

英国 "流星" 战斗机 68

英国 "吸血鬼" 战斗机 69

英国 "毒液" 战斗机 70

英国"猎人"战斗机...71

英国"闪电"战斗机...72

英国"狂风"战斗机...73

英国"台风"战斗机...75

法国"暴风雨"战斗机...77

法国"神秘"战斗机...78

法国"超神秘"战斗机...79

法国"幻影Ⅲ"战斗机...80

法国"幻影F1"战斗机...82

法国"幻影2000"战斗机...83

法国"幻影4000"战斗机...85

法国"阵风"战斗机...86

德国Bf 109战斗机...88

德国Me 262战斗机...89

意大利G.91战斗机...90

瑞典JAS 39"鹰狮"战斗机.....................................91

以色列"幼狮"战斗机...93

日本"零"式战斗机...94

日本F-1战斗机...95

日本F-2战斗机...96

印度"无敌"战斗机...98

印度"光辉"战斗机...99

Chapter 03　攻击机 100

美国A-1"天袭者"攻击机.......................................101

美国A-2"野人"攻击机...102

美国A-3"空中战士"攻击机...................................103

美国A-4"天鹰"攻击机...104

美国A-5"民团团员"攻击机...................................105

美国A-6"入侵者"攻击机.......................................106

美国 A-7 "海盗Ⅱ" 攻击机..............................108

美国 AV-8B "海鹞Ⅱ" 攻击机.........................110

美国 A-10 "雷电Ⅱ" 攻击机..........................112

美国 A-37 "蜻蜓" 攻击机.............................114

美国 AC-47 "幽灵" 攻击机...........................115

美国 AC-119 攻击机...................................116

美国 AC-130 攻击机...................................117

美国 F-117 "夜鹰" 攻击机...........................118

美国 "蝎子" 攻击机...................................120

俄罗斯伊尔 -10 攻击机................................121

俄罗斯苏 -17 "装配匠" 攻击机......................122

俄罗斯苏 -25 "蛙足" 攻击机.........................123

英国 "飞龙" 攻击机...................................125

英国 "掠夺者" 攻击机................................126

英国 / 法国 "美洲豹" 攻击机........................127

法国 "军旗 IV" 攻击机...............................129

法国 "超军旗" 攻击机................................130

意大利 / 巴西 AMX 攻击机...........................132

瑞典 SAAB 32 "矛" 式攻击机........................134

瑞典 SAAB 37 "雷" 式攻击机........................135

阿根廷 IA-58 "普卡拉" 攻击机......................136

罗马尼亚 IAR-93 "秃鹰" 攻击机.....................137

韩国 FA-50 攻击机....................................138

Chapter 04　轰炸机 139

美国 SBD "无畏" 轰炸机.............................140

美国 SB2C "地狱俯冲者" 轰炸机....................141

美国 TBF "复仇者" 轰炸机..........................142

美国 B-17 "空中堡垒" 轰炸机.......................143

美国 B-24 "解放者" 轰炸机.........................144

美国 B-25 "米切尔" 轰炸机.........................145

美国 B-26 "劫掠者" 轰炸机.........................146

美国 B-29 "超级堡垒" 轰炸机 147

美国 B-36 "和平缔造者" 轰炸机 148

美国 B-45 "龙卷风" 轰炸机 149

美国 B-47 "同温层喷气" 轰炸机 150

美国 B-50 "超级空中堡垒" 轰炸机 151

美国 B-52 "同温层堡垒" 轰炸机 152

美国 B-57 "堪培拉" 轰炸机 154

美国 B-58 "盗贼" 轰炸机 155

美国 B-66 "毁灭者" 轰炸机 156

美国 B-1B "枪骑兵" 轰炸机 157

美国 B-2 "幽灵" 轰炸机 159

俄罗斯伊尔 -28 "小猎犬" 轰炸机 161

俄罗斯 M-50 "野蛮人" 轰炸机 162

俄罗斯图 -4 "公牛" 轰炸机 163

俄罗斯图 -16 "獾" 式轰炸机 164

俄罗斯图 -95 "熊" 轰炸机 165

俄罗斯图 -22 "眼罩" 轰炸机 167

俄罗斯图 -22M "逆火" 轰炸机 168

俄罗斯图 -160 "海盗旗" 轰炸机 170

英国 "蚊" 式轰炸机 172

英国 "兰开斯特" 轰炸机 173

英国 "堪培拉" 轰炸机 174

英国 "火神" 轰炸机 175

英国 "勇士" 轰炸机 177

英国 "胜利者" 轰炸机 179

法国 "幻影Ⅳ" 轰炸机 181

Chapter 05　战斗轰炸机 183

美国 F7F "虎猫" 战斗轰炸机 184

美国 F-84 "雷电喷气" 战斗轰炸机 185

美国 F-100 "超佩刀" 战斗轰炸机 186

美国 F-105 "雷公" 战斗轰炸机 187

美国 F-107 "终极佩刀" 战斗轰炸机 188

美国 F-111 "土豚" 战斗轰炸机 189

美国 F-15E "攻击鹰" 战斗轰炸机 190

俄罗斯苏 -7 "装配匠 A" 战斗轰炸机 192

俄罗斯苏 -24 "击剑手" 战斗轰炸机 193

俄罗斯苏 -34 "后卫" 战斗轰炸机 194

法国 "神秘 IV A" 战斗轰炸机 195

法国 "幻影 5" 战斗轰炸机 196

西班牙 HA-1112 "鹈鹕" 战斗轰炸机 197

印度 HF-24 "风神" 战斗轰炸机 198

Chapter 06 反潜机 199

美国 P-3 "猎户座" 反潜巡逻机 200

美国 P-8 "波塞冬" 反潜巡逻机 202

美国 S-2 "搜索者" 反潜机 204

美国 S-3 "维京" 反潜机 205

美国 SH-2 "海妖" 反潜直升机 207

美国 SH-3 "海王" 反潜直升机 208

美国 SH-60 "海鹰" 反潜直升机 210

俄罗斯别 -6 "马奇" 反潜机 212

俄罗斯别 -12 "海鸥" 反潜巡逻机 213

俄罗斯伊尔 -38 "五月" 反潜巡逻机 214

俄罗斯图 -142 "熊 F" 反潜巡逻机 215

俄罗斯卡 -25 "激素" 反潜直升机 216

俄罗斯卡 -27 "蜗牛" 反潜直升机 217

英国 "塘鹅" 反潜机 218

英国 "猎迷" 反潜巡逻机 219

日本 P-1 反潜巡逻机 221

Chapter 07 电子战飞机 222

美国 EP-3 "猎户座" 电子战飞机 223

美国 EA-6 "徘徊者" 电子战飞机 224

美国 EF-111A "渡鸦" 电子战飞机 226

美国 EA-18G "咆哮者" 电子战飞机 227

美国 EC-130H "罗盘呼叫" 电子战飞机 229

俄罗斯伊尔 -20 "黑鸦" 电子战飞机 230

Chapter 08 武装直升机 231

美国 AH-1 "眼镜蛇" 武装直升机 232

美国 AH-6 "小鸟" 武装直升机 234

美国 AH-64 "阿帕奇" 武装直升机 236

美国 RAH-66 "科曼奇" 武装直升机 238

美国 S-97 "侵袭者" 武装直升机 239

俄罗斯米 -24 "雌鹿" 武装直升机 240

俄罗斯米 -28 "浩劫" 武装直升机 242

俄罗斯卡 -50 "黑鲨" 武装直升机 244

俄罗斯卡 -52 "短吻鳄" 武装直升机 246

英国 AW159 "野猫" 武装直升机 247

英国 WAH-64 "阿帕奇" 武装直升机 248

德国 BO 105 武装直升机 249

欧洲 "虎" 式武装直升机 250

意大利 A129 "猫鼬" 武装直升机 252

南非 CSH-2 "石茶隼" 武装直升机 254

印度 LCH 武装直升机 256

印度 "楼陀罗" 武装直升机 257

日本 OH-1 "忍者" 武装侦察直升机 258

Chapter 09 无人作战飞机 259

美国 MQ-1 "捕食者" 无人攻击机 260

美国 MQ-8 "火力侦察兵" 无人机 261

美国 MQ-9 "收割者" 无人攻击机 263

美国 X-45 无人机 265

美国 X–47A "飞马" 无人战斗机 266

美国 X–47B "咸狗" 无人战斗机 267

美国 "复仇者" 无人战斗机 269

以色列 "哈比" 无人攻击机 270

以色列 "哈洛普" 无人攻击机 271

俄罗斯 "鳐鱼" 无人攻击机 272

英国 "雷神" 无人战斗机 273

法国 "神经元" 无人战斗机 274

德国 / 西班牙 "梭鱼" 无人战斗机 275

意大利 "天空" X 无人攻击机 276

度 "奥拉" 无人战斗机 277

参考文献 278

Chapter 01

战机概述

　　战机是指以机载武器、特种装备对空中、地面、水上、水下目标进行攻击和担负其他作战任务的各类飞机。自诞生以来，战机被大量用于作战，使战争由平面发展到立体空间，对战略战术和军队组成等产生了重大影响。

战机发展简史

　　1903 年 12 月 17 日，美国莱特兄弟制作的世界第一架有动力、可操纵、重于空气的载人飞行器试飞成功，人类飞行的梦想从此变成了现实。然而，这项发明同时也大大改变了现代战争的形态，并催生了空军这一新的军种。

　　飞机出现之初基本上是一种娱乐的工具，主要用于竞赛和表演。一战爆发后，飞机被匆匆推进了战场，战争实践与军事需求大大加速了飞机及其技术的发展。一战初期，军用飞机主要负责侦察、运输、校正火炮等辅助任务。当战争转入阵地战以后，交战双方的侦察机开始频繁活动起来。为了有效地阻止敌方侦察机执行任务，各国开始研制适用于空战的飞机——战斗机。世界上公认的第一种战斗机是法国制造的莫拉纳•索尔尼埃 L 型飞机。它装备了法国飞行员罗朗•加罗斯设计的"偏转片系统"，解决了一直以来机枪子弹被螺旋桨干扰的难题。随后，德国研制出更加先进的"射击同步协调器"并安装在"福克"战机上，成为当时最强大的战斗机。

　　一战初期，飞机还只是勉强可用于空中观察和枪械对射的工具，而当战争结束时，飞机已经成为能用于空中侦察、临空轰炸和追逐格斗的有效武器系统，飞机的产量也因此急剧增加，并从此诞生了一个新的工业部门——航空工业。

　　1939 年爆发的二战，更充分地展示了飞机的作战能力。由于飞机的战略作用已经在一战中后期被各个国家广泛接受，到二战开始时，军用飞机已经得到了很好的发展，各种不同作战用途的军用飞机也应运而生，如攻击机、截击机、战斗轰炸机、俯冲轰炸机、鱼雷轰炸机等。由于二战期间各种舰船（包括航空母舰）被大范围使用，这也使得各种舰载机在战斗中大放异彩。

德国 Me 262 喷气式战斗机

二战期间，战争的需求推动各国不断研制新的军用飞机，飞机的性能几乎达到了使用活塞式发动机所能达到的极限。战争末期，德国开始使用 Me 262 喷气式战斗机。此后，各国开始大力发展喷气式战斗机，活塞式战斗机渐渐退出历史舞台。

　　20 世纪 50 年代初，首次出现了喷气式战斗机空战的场面。到了 20 世纪 60 年代初期，战斗机的最大速度已超过两倍音速，机载武器已从机炮、火箭弹发展为空对空导弹。20 世纪 60 年代中期，以苏联米格 -25 和美国 YF-12 为代表的战斗机的速度超过了三倍音速。不过，越南战争、印巴战争和中东战争的实践表明，超音速战斗机制空战大多以中、低空接近音速的速度进行。空战要求飞机具有良好的机动性，即转弯、加速、减速和爬升性能，装备的武器则是机炮和导弹并重。因此，此后新设计的战斗机不再追求很高的飞行速度和高度，而是着眼于改进飞机的中、低空机动能力，完善机载电子设备、武器和火力控制系统。

　　20 世纪 80~90 年代，电子信息技术的迅猛发展，给军用飞机的发展带来了划时代的变化，不仅飞行速度、高度与航程获得极大提高，而且飞机的机动性、目标特性与信息对抗能力也有了质的飞跃。飞机从战争的协同力量变成了战争的主力，甚至成了决定性力量。在 20 世纪后半叶，喷气式战斗机已经发展了四代，此外还出现了许多先进的攻击机、预警机、轰炸机、军用运输机、教练机、无人侦察机和武装直升机等军用飞行器，构成了一个完整的空军装备体系。时至今日，第五代战斗机已经陆续登上了历史舞台，其他军用飞机也有着日新月异的变化。

美国空军现役 F-22 "猛禽" 战斗机

战斗机世代划分

　　战斗机是战机大家族中最重要的一员，其主要任务是与敌方战斗机进行空战，夺取空中优势（制空权）。从喷气战斗机开始服役之后，一些国家开始对战斗机进行世代划分。常见的划分方式有很多种，划分的基本原则是以较为普遍的共同点作为世代划分的分野。历史上，欧美国家和苏联对于战斗机的世代划分曾有明显不同（如苏联的第四代战机和根据美国原先的标准划分的第三代战机为同一代战机），但现在划分标准已较为统一。

▌▌▌▶ 第一代战斗机

　　第一代战斗机可以追溯到二战末期服役的机种，这些战斗机开始使用喷气式发动机为动力，外形设计仍然沿用过去的造型。在性能上，第一代战斗机的平飞速度比螺旋桨飞机要高，航程则受到发动机效率的影响而较差，水平运动性能也较弱，对油门改变的反应低，发动机的寿命受到材料与设计的影响，也不如当时最好的活塞发动机。

　　第一代战斗机普遍采用后掠机翼，装有带加力燃烧室的涡轮喷气发动机。飞机的电子设备还非常简陋，主要是通信电台、高度表和无线电罗盘以及简单的敌我识别装置。武器装置以大口径机炮为主，后期型可以挂装第一代空对空导弹。飞机的火控系统为简单的光学－机电式瞄准具，后期安装了第一代雷达。在特定条件下，第一代战斗机已经可以实现超音速飞行。第一代战斗机主要的空战方式是近距离格斗，尾随攻击。由于飞机在高空的盘旋性能较差，所以这一时期飞机在垂直方向上的机动性能显得更为重要。

　　第一代战斗机的典型代表包括雅克－15战斗机（苏联）、米格－9战斗机（苏联）、米格－15战斗机（苏联）、F-80战斗机（美国）、F-84战斗机（美国）、F-86战斗机（美国）、"流星"战斗机（英国）、"吸血鬼"战斗机（英国）和"神秘"战斗机（法国）等。

美国 F-86 战斗机

第二代战斗机

　　第二代战斗机是问世于 20 世纪 50 年代末，以涡轮喷气发动机为动力来源，追求高空、高速，并且装备了雷达和空对空导弹的战斗机。第二代战斗机的发展路线延续第一代战斗机强调速度、实用升限以及操作高度等性能，为了达到这些目的，后燃器在这个阶段开始成为战斗机必要的装备，空气动力领域相关的研究成果也逐渐广泛采用。

　　第二代战斗机参加了越南战争和其他的一些局部战争，接受了实

俄罗斯米格 -23 战斗机

战的考验，结果却发现它们并不能满足实战的要求，因为作战方式和以前预想的已经发生了很大的变化。高空高速并不是空战的主要范围，因此第二代飞机的性能优点并不是空战胜负的决定性因素。

　　第二代战斗机的典型代表包括 F-104 战斗机（美国）、F-105 战斗机（美国）、米格 -21 战斗机（俄罗斯）、米格 -23 战斗机（俄罗斯）和 "幻影Ⅲ" 战斗机（法国）等。

第三代战斗机

　　第三代战斗机出现于 20 世纪 60 年代，这个阶段将先前累积的使用经验以及各种试验的结果加以整合，许多高速飞行时的现象和控制问题获得了一定程度的解决，高后掠角度的机翼设计已经不再流行，三角翼、几何可变机翼与后掠角度小于 45° 的梯

形机翼成为设计的主流。发动机的动力输出通过耐高温特殊材料和冷却技术而更上一层楼。雷达与各类航空电子设备逐渐成熟与复杂化，机鼻进气口几乎完全被放弃，以配合大型雷达天线的安装需求，而这个需求使得飞机的体积变大和制造成本迅速高涨。

　　受惠于各项系统的进步，尤其是雷达与航空电子设备的功能以及效能，使得第三代战斗机开始趋向多任务、多用途的路线。

法国 "幻影 F1" 战斗机

第三代战斗机的典型代表包括F-4战斗机（美国）、F-5战斗机（美国）、米格-25战斗机（俄罗斯）、"幻影F1"战斗机（法国）、"幼狮"战斗机（以色列）、F-1战斗机（日本）等。

▷ 第四代战斗机

　　第四代战斗机于20世纪70年代陆续服役，这些飞机吸收了第三代战斗机设计与使用上的经验，加上诸多空中冲突与演习显示出来的问题和需求，融合之后成为冷战结束前后最主要的角色，其主要特征是航空电子系统的提升，还有部分隐身技术的尝试性使用。除了多用途和精密航空电子设备的发展方向大致不变以外，第四代战斗机放弃对高速、高翼载荷的设计追求，转而扩展飞机在不同高度与速度下的运动性，其中尤以美国空军约翰·柏伊德上校提出的"能量运动理论"对第四代战斗机设计的影响最深。

美国F/A-18E/F战斗/攻击机

　　第四代战斗机开始广泛采用以新材料与技术开发的大推力涡轮扇发动机，取代了过去的涡轮喷气发动机。新型发动机在提升推力的同时降低了燃料消耗，使得体积较小的机型也能拥有较长的航程。在只携带一部分燃料以及两枚导弹的情况下，许多第四代战斗机都可以达到推力大于重量的状态。

　　第四代战斗机还开始引入电传飞行控制与静不稳定的设计概念，完全颠覆了过去的气动力设计方式和飞行控制机构。第三代战斗机为了降低高速下的阻力，座舱罩的外形需要与机身配合，从而牺牲了飞行员的视野，而第四代战斗机对此进行了大幅改进，采用泡型座舱罩，或类似设计，让飞行员能够更有效地掌握周围状况。此外，随着电脑技术的成熟与超高速芯片的量产，将过去使用与显示非常复杂的雷达改头换面，以多样化的图形和文字显示更多的资讯，提高了飞行员的状态意识。

第四代战斗机的典型代表包括 F-14 战斗机（美国）、F-15 战斗机（美国）、F-16 战斗机（美国）、F/A-18 战斗 / 攻击机（美国）和苏 -33 战斗机（俄罗斯）等。此外，还有一些现役战斗机的升级型被称为第四代半战斗机，包括 F-15E 战斗轰炸机（美国）、F/A-18E/F 战斗 / 攻击机（美国）、米格 -35 战斗机（俄罗斯）、苏 -35 战斗机（俄罗斯）、"阵风"战斗机（法国）、"台风"战斗机（欧洲）和"鹰狮"战斗机（瑞典）等。

第五代战斗机

第五代战斗机是目前世界上最先进的一代战斗机，在科技上与前一代战斗机最大的差异就是低可侦测性技术的全方位运用，并具备高机动性、先进航空电子系统、高度集成计算机网络，以及优异的战场态势感知能力。

截至 2019 年 4 月，已经开始服役的第五代战斗机只有美国研制的 F-22 战斗机和 F-35 战斗机。另外，俄罗斯研制的苏 -57 战斗机也即将服役。其他国家也有研制第五代战斗机的项目，如韩国的 KAI KF-X 项目、日本的 ATD-X 项目和印度的 MCA 项目。

美国 F-35 战斗机

战机性能指标

||||| ⭐ 最大速度

　　20 世纪 60 年代以来，战斗机的最大速度在 17 000 米高度时已超过 2.8 马赫（约 3 000 千米 / 时），多数战斗机在高空的最大速度为 2.0 马赫左右。轰炸机的最大速度约 2.2 马赫，高空高速侦察机的最大速度超过 3.0 马赫，军用运输机的最大速度也已达到 900~950 千米 / 时。飞机在低空飞行时，由于空气密度大，机体结构可承受的速压强度有限，飞行速度不能太大。20 世纪 80 年代初，军用飞机靠近海平面飞行，最高速度不超过 1 500 千米 / 时。近二十年来，仅就技术条件的可能性而言，直接用于作战的飞机的最大速度还有提高的余地，但从作战需要和经济效益全面考虑，付出很大代价并不值得，因此最大速度并没有多大提高。

高速飞行的美国 F-22 战斗机

||||| ⭐ 实用升限

　　由于直接用于战斗的飞机并不需要飞得太高，20 世纪 60 年代以来，军用飞机的实用升限变化不大。战斗机的实用升限在 20 000 米左右，高空侦察机（如美国 SR-71 和俄罗斯米格 -25P）的实用升限约 25 000 米。轰炸机和战斗轰炸机的实用升限，大多不超过 16 000 米。现代直接用于战斗的飞机，为避免被对方雷达早期发现，常从低空或超低空突防，某些起飞重量超过 100 吨的轰炸机，突防高度可低至 150 米左右，攻击机的突防高度为 50~100 米。

在高空飞行的美国 B-2 轰炸机

最大航程

军用飞机的最大航程和续航时间一直在逐渐增加。现代战斗机的最大航程通常超过 2 000 千米，带副油箱时可超过 5 000 千米。轰炸机、军用运输机的最大航程超过 14 000 千米，高空侦察机的航程超过 7 000 千米。如果对飞机进行空中加油，每加一次，航程可增加 20%~40%。若进行多次空中加油，其最大航程就不受机内燃料数量的限制，而取决于飞行人员的耐力、氧气储存量或发动机的滑油量等因素。

飞机的最大航程与发动机燃料消耗率（发动机工作 1 小时，平均产生每千克推力所消耗的燃料千克数）、起飞载油系数（机上燃料重量与飞机起飞重量之比）、巡航升阻比（巡航时飞机升力与阻力的比值）有关。20 世纪 60 年代以来，飞机的起飞载油系数变化不大，巡航升阻比也没有明显提高，主要靠降低发动机燃料消耗率来增大航程。现代战斗机、战斗轰炸机和攻击机的续航时间为 1 ~ 2 小时，带副油箱时达 3 ~ 4 小时。有的轰炸机、反潜巡逻机和军用运输机不进行空中加油，能连续飞行 10 多个小时。

航程超过 15 000 千米的美国 B-52 轰炸机

作战半径

军用飞机的作战半径与飞机在战区活动时间的长短、发动机使用方式、飞行高度等有关。要了解军用飞机的作战半径，通常要弄清出航、突防和返航时的高度范围，例如"高、低、高"作战半径，即表示"出航时高空飞，接近目标突防时改为低空飞，返航时又高空飞"条件下的作战半径。喷气式飞机在大气对流层飞行时，飞得高一些，这样比较省油，所以"高、低、高"作战半径较大。一般来说，战斗机和战斗轰炸机的作战半径约为最大航程的 1/4 到 1/3

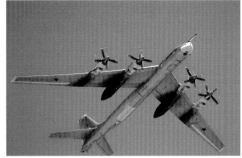

俄罗斯图 -95 轰炸机

（在战区活动时间 3~5 分钟），轰炸机的作战半径约为最大航程的 1/3 到 2/5。

Chapter 02

战 斗 机

　　战斗机是用于在空中消灭敌机和其他空袭兵器的军用飞机，又称歼击机。战斗机的主要任务是与敌方战斗机进行空战，夺取空中优势（制空权），其次是拦截敌方轰炸机、攻击机和巡航导弹，还可以携带一定数量的对地攻击武器，执行对地攻击任务。

美国 P–51 "野马" 战斗机

P-51 "野马"（P-51 Mustang）战斗机是北美飞机公司研制的单座单发平直翼活塞式战斗机，被认为是二战综合性能最出色的主力战斗机，一共制造了 15000 架左右。

驾驶舱外部特写

螺旋桨特写

基本参数	
机身长度	9.83 米
机身高度	4.17 米
翼展	11.29 米
空重	3232 千克
最高速度	703 千米 / 时
相关简介	

研发历史

P-51 战斗机诞生于二战期间，最初应邀为英国研制，配备英国 "梅林" 发动机，1940 年 10 月 26 日首次试飞，公司型号 NA-73。1941 年 8 月，该机首先被英国空军使用，美军以 XP-51 的型号试用。1941 年 12 月，P-51 战斗机正式被美军采用，广泛用于欧亚战场。二战后，仍有不少国家使用 P-51 战斗机。

实战性能

P-51 战斗机在布局上没有特别之处，但它将航空新技术高度完美地结合于一身，采用先进的层流翼型，高度简洁的机身设计，合理的机内设备布局，这使它的气动阻力大大下降，并且在尺寸和重量与同类飞机相当的情况下，载油量增加了 3 倍。由此，P-51 战斗机的航程达到了 1370 千米，足以掩护 B-17 轰炸机进行最远距离的攻击。P-51 战斗机的不同型号装载过不同的武器装备，最常见的固定武器是 4 挺 12.7 毫米勃朗宁重机枪。

趣味小知识

二战期间，在欧洲战场，P-51 战斗机出动 13873 架次，投弹 5668 吨，击落敌机 4950 架，击毁地面敌机 4131 架，被誉为 "战斗机之王"。

美国 F4F "野猫"战斗机

F4F "野猫"（F4F Wild Cat）战斗机是格鲁曼公司研制的单座单发平直翼活塞式舰载战斗机，为格鲁曼公司以猫作为战斗机昵称的初始产品。

研发历史

1937 年 9 月，F4F 战斗机的原型机首次试飞。1940 年，F4F 战斗机率先在美国海军和英国海军服役。1941 年 10 月，"野猫"的昵称正式被官方认可并使用。该机的主要型号有 F4F-3、F4F-3A、F4F-4、F4F-7、FM-1、FM-2 等，一共制造了 7 885 架。其中，F4F-4 是"野猫"最主要的量产型，一共生产了 1 169 架。

基本参数	
机身长度	8.76 米
机身高度	2.81 米
翼展	11.58 米
空重	2 612 千克
最高速度	533 千米 / 时
相关简介	

实战性能

"野猫"战斗机的机身为全金属半硬壳结构，起落架以人力操作的方式收起于机身两侧，飞行员座舱为密闭式。美国海军使用的"野猫"战斗机采用普惠 R-1830 系列发动机，除了 F4F-3A 采用一级两速增压器以外，其余都是两级两速。F4F-3 在机翼上装有 4 挺 12.7 毫米机枪，F4F-4 以后与 FM-1/2 增加为 6 挺同口径的机枪。

趣味小知识

F4F 战斗机在二战初期最有名的空战记录发生于 1942 年 2 月 20 日，美国海军"列克星敦"号航空母舰攻击拉布尔的日军基地时，舰上 VF-3 中队的爱德华·欧海尔海军上尉在 5 分钟之内以他的驾驶的 F4F 战斗机击落 5 架日本一式陆上攻击机，不仅阻止航空母舰受到攻击的可能，也让他在这次空战中成为王牌飞行员。随后，欧海尔获得了美国军人最高荣誉的国会荣誉勋章。

美国 F4U "海盗" 战斗机

F4U "海盗"（F4U Corsair）战斗机是沃特飞机公司研制的一款活塞式舰载战斗机，一共制造了 12571 架。除空战外，也担当战术轰炸机的角色。

螺旋桨特写

机炮特写

研发历史

1938 年 2 月，美国海军航空局公开招标要求一款取代 F2A "水牛"战斗机的新型舰载机。经过竞标以后，美国海军在 1938 年 6 月选择了以沃特飞机公司的雷克斯·贝塞尔与伊高·塞考斯基为首的设计团队提出的 V-166B 方案。原型机编号为 XF4U-1，于 1939 年 5 月首次试飞。1942 年 9 月，F4U-1 正式服役。

基本参数	
机身长度	10.2 米
机身高度	4.50 米
高度	12.5 米
空重	4 174 千克
最高速度	718 千米 / 时
相关简介	

实战性能

F4U 战斗机加速性能好，火力强大，爬升快，坚固耐用，是美国第一种飞行速度超过 200 千米 / 时的战斗机，也是速度最快的活塞式战斗机之一。F4U 战斗机在许多方面都与当时的飞机有很大差别，其机翼采用了倒海鸥翼的布局，动力装置为当时出力最大的活塞发动机——普惠 R-2800 型，功率达到 1 770 千瓦，而同时期的战斗机大多只有 900 千瓦。

趣味小知识

太平洋战场上，F4U 与 F6F 战斗机同为美军主力，成为日本战斗机的强劲对手。二战结束后，据美国海军统计，F4U 战斗机的击落比率为 11 ∶ 1，即每击落 11 架敌机才有 1 架被击落，拥有着骄人战绩。

美国 F6F "地狱猫" 战斗机

F6F "地狱猫"（F6F Hellcat）战斗机是格鲁曼公司研制的一款舰载机，一共制造了 12275 架，在二战中后期是美国海军舰载机的主力机型。

驾驶舱外部特写

机鼻部位特写

基本参数	
机身长度	10.24 米
机身高度	3.99 米
翼展	13.06 米
空重	4 190 千克
最高速度	610 千米 / 时
相关简介	

研发历史

F6F 战斗机是 F4F 战斗机的后继型号，于 1938 年开始研制，1942 年 6 月首次试飞，1943 年 9 月正式服役，最后一架 F6F 战斗机于 1945 年 11 月交付。F6F 战斗机有多种型号，包括 F6F-3、F6F-3N/E、F6F-5、F6F-5N/E、F6F-5P 等。时至今日，有不少 F6F 战斗机存放于世界各地博物馆，部分还能够飞行。

实战性能

F6F 战斗机在内部结构与装备上，比 F4F 战斗机更先进，外观上只是机体更大，基本轮廓一致，故此也被戏称为 "野猫的大哥"。F6F 战斗机的基本武装是 6 挺勃朗宁 M2 重机枪。后来的改装令 F6F 战斗机能够挂载 907 千克炸弹，或者携带 568 升的附加油箱。机翼也可装上共 6 支 166 毫米火箭，用以攻击地面目标。二战中，F6F 战斗机对日本战斗机的击落比率高达 19：1。

趣味小知识

1943 年 8 月 31 日，美国海军 "约克城" 号航空母舰 VF-5 中队的 F6F 战斗机首次参加实战。此后，F6F 战斗机基本上参与了太平洋战争中所有空战。

美国 F9F "黑豹" 战斗机

F9F "黑豹"（F9F Panther）战斗机是格鲁曼公司研制的第一种喷气式战斗机，也是美国海军 "蓝天使" 特技飞行队使用的第一种喷气式飞机，一共制造了 1382 架。

头部特写

尾翼特写

 研发历史

二战末期，美国开始研发喷气式战斗机，原设计为四发双座战斗机并命名为 XF9F-1，但由于喷气式发动机技术的进步，使得单发单座的战斗机设计变为可能，美国海军为其定名为 XF9F-2。1947 年 11 月，XF9F-2 首次试飞。1949 年 9 月，其完成在航空母舰上的首次起降。米格-15 战斗机出现后，有感于性能差距的 "黑豹" 发展出延长机身且采用 35° 后掠翼的改良型 F9F-6，其昵称也改称为 "美洲虎"。

基本参数	
机身长度	11.4 米
机身高度	3.45 米
翼展	12 米
空重	4220 千克
最高速度	925 千米/时
相关简介	

实战性能

F9F 战斗机采用平直翼气动布局（后期型号改为后掠式机翼），拥有高安装的水平尾翼和气泡状座舱罩，发动机进气口位于驾驶舱下的机身两侧。该机在机头安装有 2 门 20 毫米 M2 机炮，6 个翼下挂架最多可以携带 907 千克炸弹。

趣味小知识

1958 年，阿根廷海军向美国海军购买了 24 架 "黑豹" 战斗机，并且是 "黑豹" 唯一的海外买家。

美国F-80"流星"战斗机

F-80"流星"（F-80 Shooting Star）战斗机是洛克希德公司研制的一款喷气式战斗机，一共制造了1715架。

起落架特写

头部特写

基本参数	
机身长度	10.52米
机身高度	3.45米
翼展	11.85米
空重	5753千克
最高速度	932千米/时
相关简介	

研发历史

F-80战斗机的原型机P-80于1943年6月开始研制，1944年1月首次试飞，成为当时美国速度最快的飞机。P-80战斗机的出现引起了美国军方的注意，为了在战争中取得空中优势，一次就订购了5000架。1945年2月，P-80战斗机开始交付使用，成为美国陆军航空队装备的第一种喷气式飞机。1948年，随着陆军航空队改组为空军，P-80战斗机也改名为F-80战斗机。

实战性能

F-80战斗机是美国空军第一种平飞速度超过800千米/时的战斗机。它使用一台J33-A-5涡喷发动机，进气口紧靠机翼根部前端，尾气从机身最后面排出。紧贴机身侧面有导流槽，用于防止空气在进气口内部分离。F-80战斗机生产型的座舱是增压座舱，并且装有空调。另外，F-80C战斗机还装备了弹射座椅。该机的固定武器是2挺12.7毫米M3机枪，射速为1200发/分。

趣味小知识

1945年夏季，近30架P-80战斗机被航空母舰运往菲律宾准备参加对日最后一战。但悲剧的是随机没有携带翼尖副油箱和飞机电池，所以飞机在航空母舰上白白等了一个月。等到副油箱和电池抵达时，太平洋战争已经结束，P-80战斗机就这样错过了对日作战的良机。

美国 F-82 "双野马"战斗机

F-82 "双野马"（F-82 Twin Mustang）战斗机是北美飞机公司研制的一款双座战斗机，一共制造了 272 架。

螺旋桨特写

背部特写

基本参数	
机身长度	12.93 米
机身高度	4.22 米
翼展	15.62 米
空重	7271 千克
最高速度	741.9 千米 / 时
相关简介	

研发历史

1943 年年末，北美飞机公司开始研制 P-82 战斗机。当时在太平洋战场使用的单座战斗机在进行超远距离飞行时会使其飞行员相当疲劳，战斗机飞行员往往需要在狭小的座舱内待上 8 小时。于是，北美飞机公司提出将 2 架 P-51 "野马"战斗机的机身通过矩形的中翼段和水平尾翼连接在一起，并保留 P-51 战斗机的外翼段，这样不必进行全新设计，减小了风险。1944 年 1 月，美国陆军航空队订购 4 架原型机，型号指定为 XP-82。该机第一个生产型是 P-82B，它是二战中最强的活塞战斗机之一，但未能参加实战。之后，陆军航空队陆续订购了 P-82 的其他改进型。1948 年 6 月，陆军航空队改组为空军，P-82 战斗机改名为 F-82 战斗机。

实战性能

尽管 F-82 战斗机的机身与 P-51 战斗机相似，但实际上是一个全新的结构。该机可以由两侧座舱内的飞行员分别驾驶。通常情况下，左侧的是驾驶员同时担任机长，右侧是领航员。如果驾驶员受伤，右侧领航员可以接替操纵战机继续飞行。在正常飞行任务中，领航员也可以操纵飞机，让机长休息一段时间，甚至能够让他放平座椅睡个午觉。该机的固定武器为 6 挺 12.7 毫米固定前射机翼机枪，翼下挂架可携带 4 枚 454 千克炸弹或 4 个副油箱。

趣味小知识

性能出众的 F-82 战斗机没有参加二战，日本投降时，北美飞机公司只完成了美国空军 500 架订单中的 20 架。随着二战结束，美军将订单减少到了 270 架。

美国 F-86"佩刀"战斗机

F-86"佩刀"（F-86 Sabre）战斗机是北美飞机公司研制的单座单发后掠翼亚音速喷气式战斗机，一共制造了 9860 架。

驾驶舱内部特写

驾驶舱外部特写

研发历史

F-86 战斗机的设计来自北美飞机公司在 1945 年向美国海军提出的 XFJ-1 舰上喷气战斗机原型机的空军型改良版。该机于 1947 年 10 月首次试飞，1949 年 5 月开始服役，除装备美国空军外，还大量军援北约各国。F-86 战斗机是一个长寿机种，最后一架 F-86 战斗机直到 1993 年才退役（玻利维亚空军）。

基本参数	
机身长度	11.4 米
机身高度	4.6 米
翼展	11.3 米
空重	5046 千克
最高速度	1106 千米 / 时
相关简介	

实战性能

F-86 战斗机的最大水平空速较低，最大升限较低，中低空爬升率较低，但其高速状态下的操控性较佳，运动性灵活，也是一个稳定的射击平台。该机还是美国第一架装有弹射椅的战斗机，其主要武器为 6 挺 12.7 毫米勃朗宁 M2HB 机枪（H 型改为 4 门 20 毫米机炮），并可携带 900 千克炸弹或 8 支 166 毫米无导向火箭。

趣味小知识

1967 年 7 月，8 架原属英国空军后属于南斯拉夫的 F-86 战斗机交付给洪都拉斯空军。它们还赶上了洪都拉斯和萨尔瓦多的"足球战争"。

美国 F-94 "星火" 截击机

F-94 "星火"（F-94 Starfire）截击机是美国第一种大量生产与服役的喷气式截击机，一共制造了 855 架。

头部特写

机鼻部位特写

研发历史

1947 年，美国空军希望能将洛克希德公司的 TF-80C 战斗机加装休斯 E-1 火控系统和武器，从而把它改装成全天候喷气式截击机。1949 年 1 月，美国空军和洛克希德公司正式签署合同，订购编号为 F-94 的新型截击机。1950 年，F-94 截击机正式服役。

基本参数	
机身长度	11.48 米
机身高度	3.58 米
翼展	11.43 米
空重	4560 千克
最高速度	975 千米 / 时
相关简介	

实战性能

F-94 截击机采用无框式气泡状座舱盖，平直翼，翼尖下方挂有水滴形副油箱，发动机进气口位于机身两侧较低处。该机在前机身下方安装有 4 挺 12.7 毫米机枪，各备弹 300 发，弹链箱就装在座舱隔火板和电子设备舱之间。此外，F-94 截击机还可挂载 2 枚 450 千克炸弹，可用于夜间轰炸。

趣味小知识

F-94 截击机原型机安装有 E-1 火控系统，该系统由 AN/APG-33 雷达和斯佩里 A-1C 计算瞄准具组成，其中 AN/APG-33 被装在向上弯曲的雷达整流罩内（这也是 F-94 早期型一个很鲜明的外表特征），其占用了大量的机内空间。

美国 F-101 "巫毒" 战斗机

F-101 "巫毒" (F-101 Voodoo) 战斗机是麦克唐纳公司研制的一款双发超音速战斗机，一共制造了 807 架。

发动机尾喷口特写

驾驶舱外部特写

基本参数	
机身长度	21.54 米
机身高度	5.49 米
翼展	12.10 米
空重	12680 千克
最高速度	1825 千米 / 时
相关简介	

研发历史

F-101 战斗机是由麦克唐纳飞机公司较早的 XF-88 飞机发展而来。1954 年 9 月 29 日，F-101 战斗机的第一架原型机首次试飞。1954 年 10 月 28 日，美国空军同意 F-101 战斗机开始全速生产。虽然 F-101 战斗机在设计上是担任轰炸机护航任务的长程战斗机，但之后也被改装为担任核攻击的战斗轰炸机、全天候截击机以及战术侦察机。

实战性能

F-101 战斗机采用中单翼，安装有 2 台有后燃器的 J-57-P-55 涡喷发动机，进气口位于机身两侧，发动机喷嘴在机身中后部，后机身结构向后延伸安装垂直尾翼。水平尾翼接近垂直尾翼的顶部，为全动式设计。武器包括 4 门在机身内的 20 毫米 M39 机炮，以及外部挂架挂载的 3 枚 AIM-4E 或 AIM-4F 空对空导弹，2 枚 AIR-2A 无控空对空火箭弹（核弹头）。

趣味小知识

F-101 战斗机原计划作为美国战略空军 B-36 轰炸机护航的战斗机，后期 B-36 被 B-52 轰炸机取代，战略空军将该机的计划全部转交给战术空军，生产型 F-101A 也于 1957 年 5 月全部移交给战术空军。

美国 F-102 "三角剑" 截击机

F-102 "三角剑" (F-102 Delta Dagger) 截击机是康维尔公司研制的一款单座单发三角翼全天候超音速喷气式截击机,一共制造了 1000 架,主要用于美国本土的防空作战。

发动机尾喷口特写

驾驶舱外部特写

研发历史

F-102 截击机的设计来自 1948 年试验成功的 XF-92 无尾三角翼试验机。20 世纪 50 年代初,美国空军发出超音速截击机的招标。1951 年 11 月,康维尔公司代号 Model 8-80 的设计被允许继续发展,即日后的 F-102 截击机。该机于 1953 年 10 月首次试飞,1956 年 4 月正式服役,主要被部署在北美大陆,用来拦截敌方的远程轰炸机。

基本参数	
机身长度	20.83 米
机身高度	6.45 米
翼展	11.61 米
空重	8777 千克
最高速度	1304 千米 / 时
相关简介	

实战性能

F-102 截击机安装了当时美国最好的拦截作战机载设备,主要包括可进行全自动追尾瞄准的 MG-10 火控系统、红外线目标搜索系统、跟踪和拦截计算机、L-10 自动驾驶仪、APX-6A 敌我识别器等。该机的导弹舱内携带 1 枚 AIM-26 和 3 枚 AIM-4 空对空导弹,其装在可快速伸出的发射导轨上。导弹舱门上的发射管内还装有 24 枚 70 毫米火箭弹。所有武器都由 MG-10 火控系统控制并自动发射。

趣味小知识

F-102 截击机曾参加越南战争,主要任务是负责空军基地防空和护送轰炸机。共有 15 架 F-102 截击机损失于越南战场。

美国 F-104 "星" 战斗机

F-104 "星" (F-104 Starfighter) 战斗机是洛克希德公司研制的一款超音速轻型战斗机，于 1958 年开始装备部队，一共制造了 2578 架。

尾翼特写

头部特写

研发历史

F-104 战斗机于 1951 年开始设计，1954 年 2 月原型机首次试飞，1958 年开始装备部队。该机的主要型号有 F-104A、F-104C、F-104G、F-104J、F-104S、F-104G 等。除美国外，该机还被德国、日本、意大利、荷兰等国采用。

实战性能

F-104 战斗机于 1955 年 4 月便达到了 2 马赫的飞行速度，后成为 20 世纪 60 年代世界三大高性能战斗机（米格 -21、"幻影Ⅲ"）之一。不过，该机因航程短、载弹量小未能成为美国空军的主力战斗机。F-104 战斗机通常装有 1 门 20 毫米 M61 机炮，备弹 750 发。执行截击任务时，携带 2 枚 "麻雀" 空对空导弹和 2 枚 "响尾蛇" 空对空导弹。执行对地攻击任务时，携带 2 枚 "小斗犬" 空对地导弹，1 枚 900 千克核弹，以及多枚普通炸弹，最大载弹量 1 800 千克。

基本参数	
机身长度	16.66 米
机身高度	4.11 米
翼展	6.36 米
空重	6350 千克
最高速度	2137 千米 / 时
相关简介	

趣味小知识

1958 年 5 月 7 日，霍华德·约翰逊少校驾驶 F-104 战斗机在爱德华兹空军基地上空进行动力跃升飞行，最大飞行高度达到 27813 米，创造了一项世界飞行高度纪录。

美国 F-106 "三角标枪" 截击机

F-106 "三角标枪"（F-106 Delta Dart）截击机是康维尔公司研制的一款超音速全天候三角翼截击机，1959 年 7 月开始服役。

驾驶舱外部特写

发动机尾喷口特写

研发历史

F-106 截击机的设计工作始于 1954 年，1955 年开始制造原型机。1956 年 12 月 26 日，在爱德华兹空军基地，康维尔公司试飞员理查德·约翰逊驾机进行了首次飞行。1959 年 5 月 30 日，第一架 F-106A 交付给驻新泽西迈圭尔空军基地的防空司令部第 539 中队。

基本参数	
机身长度	21.56 米
机身高度	6.18 米
翼展	11.67 米
空重	11077 千克
最高速度	2455 千米/时
相关简介	

实战性能

F-106 截击机是从 F-102 截击机改型而来，气动外形、结构、军械和机载设备方面改动较大，采用推力更大的 J-75 发动机，战术技术性能有较大提高。F-106 截击机的主要目标是各种远程轰炸机，标准武器配置是 4 枚 AIM4 空对空导弹，1 枚 AIR-2 "妖怪" 核火箭。F-106 截击机原本没有机炮，后来加装了 M61 "火神" 机炮。

趣味小知识

F-106 截击机在美国本土、阿拉斯加、冰岛和加拿大都曾有过部署，在德国和韩国也曾短期部署过，但 F-106 截击机从未参加过实战。

美国 F-4 "鬼怪 Ⅱ" 战斗机

F-4 "鬼怪 Ⅱ"（F-4 Phantom Ⅱ）战斗机是麦克唐纳公司研制的一款双发重型防空战斗机，一共制造了 5195 架，是美国极为少见的同时在海军和空军服役的战斗机。

研发历史

F-4 战斗机于 1956 年开始设计，1958 年 5 月第一架原型机试飞，生产型则于 1961 年 10 月开始正式交付美国海军使用。1963 年 11 月，F-4 战斗机开始进入美国空军服役。该机是 20 世纪 70 年代和 80 年代美国空军和海军的主力战斗机，其生产工作一直持续到 1981 年。

基本参数	
机身长度	19.20 米
机身高度	5.02 米
翼展	11.77 米
空重	13760 千克
最高速度	2414 千米/时
相关简介	

机体设计

F-4 战斗机的机身为全金属半硬壳式结构，分为前、中、后三段。机身前段主要包括座舱、前起落架舱和电子设备舱，中段有发动机舱和油箱舱，靠近发动机的结构大量采用钛合金。由于当时还没有在战斗机机体上采用较多比例的复合材料，F-4 战斗机的重量居高不下，对飞行性能有着负面影响。F-4 战斗机采用悬臂下单翼，前缘后掠角 45°。悬臂全动式整体平尾，下反角 23°，以避开机翼尾流。平尾前缘增加了缝翼。机翼下侧、起落架舱后方有一块液压驱动的减速板。该机采用可收放前三点式起落架，前起落架为双轮，没有内胎，向后收入机身。主起落架为单轮，向内收入机翼。舰载型弹射起飞时，前起落架伸长，有着陆钩。

机鼻部位特写

实战性能

F-4 战斗机在 1959 年至 1962年创造了15项飞行世界纪录，包括绝对速度纪录和绝对飞行高度纪录。该机不但空战性能优异，且对地攻击能力也很强。F-4 战斗机安装有1门20毫米M61A1"火神"机炮，9 个外挂点的最大载弹量达 8480 千克，可搭载普通航空炸弹、集束炸弹、电视和激光制导炸弹、火箭弹等。该机的缺点是大迎角机动性能欠佳，高空和超低空性能略差，起降时对跑道要求较高。

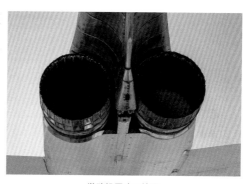

发动机尾喷口特写

趣味小知识

在服役期间，F-4 战斗机被赋予了一系列的绰号，如"犀牛""双丑""飞行铁砧""飞行床脚箱""飞行砖块""铅雪橇""大铁雪橇"和"圣路易斯强击手"等。

美国 F-5 "自由斗士" 战斗机

F-5 战斗机是诺斯洛普公司研制的轻型战斗机，A、B、C 三型称为"自由斗士"（Freedom Fighter），E、F 两型称为"虎Ⅱ"（Tiger Ⅱ），一共制造了 2246 架。

驾驶舱外部特写

驾驶舱仪表盘特写

研发历史

F-5 战斗机来自诺斯洛普公司内部于 1955 年展开的 N-156 设计案，于 1959 年 7 月首次试飞，1962 年正式服役。该系列战机的第二代（F-5E/F）于 1972 年首次试飞，在 20 世纪 70 年代成为美国销往第三世界盟国的主力机种，并在国际军火交易中与法国"幻影Ⅲ"战斗机、俄罗斯米格-21 战斗机三足鼎立。

基本参数	
机身长度	14.45 米
机身高度	4.06 米
翼展	8.13 米
空重	4410 千克
最高速度	1741 千米/时
相关简介	

实战性能

F-5 战斗机通常安装有 2 门 20 毫米 M39A2 型机炮，7 个外挂点可挂载 2 枚"响尾蛇"空对空导弹和各种空对地导弹，激光制导炸弹及各类常规炸弹。由于机炮口设置在机头上表面，在白昼射击时炮口烟雾严重阻碍飞行员的视野，在夜间射击时炮口火焰甚至会造成飞行员短暂失明。

趣味小知识

F-5 号称是低档战斗机，但它的机动性能相对于同时代战斗机来说并不逊色。该机的爬升率略低于米格-21 战斗机，但盘旋性能尤其是稳定盘旋角速度优于米格-21 战斗机。

美国 F-6 "天光" 战斗机

F-6 "天光"（F-6 Skyray）战斗机是道格拉斯公司研制的一款单座单发三角翼超音速喷气式舰载战斗机，一共制造了 422 架。

基本参数	
机身长度	13.8 米
机身高度	3.96 米
翼展	10.2 米
空重	7268 千克
最高速度	1242 千米 / 时
相关简介	

研发历史

1947 年 1 月，美国海军签发了一份招标书，要求研制一种新型战斗机。道格拉斯公司推出了一个纯粹的三角翼战斗机方案，并赋予公司编号 D-571。1947 年 6 月，美国海军航空署在众多提案中选择了道格拉斯公司的方案，并与之签署了一份预研合同。1951 年 1 月，原型机首次试飞。1956 年 4 月，F4D-1 开始交付美国军方，延迟的原因是发动机开发进度的延误。

实战性能

F-6 战斗机具有极佳的机动性，爬升性能尤为出众。该机的内部武器包括 4 门 20 毫米柯尔特 M12 机炮，每门备弹 70 发。不过，由于 4 门机炮的炮口过于靠近，机炮经常被拆除。后期生产型共有 7 个挂架，共可挂载 1800 千克重量的外挂物，包括副油箱、火箭发射巢和导弹等。

趣味小知识

1954 年 6 月 5 日，首架生产型 F4D-1 战斗机试飞，并在水平飞行中就突破了音障，成为美国海军第一种在水平飞行中超过音速的作战飞机。

美国 F-8 "十字军" 战斗机

F-8 "十字军"（F-8 Crusader）战斗机是沃特飞机公司研制的一款超音速舰载战斗机，一共制造了 1219 架。

基本参数	
机身长度	16.53 米
机身高度	4.8 米
翼展	10.87 米
空重	7956 千克
最高速度	1975 千米 / 时
相关简介	

研发历史

1952 年 9 月，美国海军公开征求新型超音速战斗机。1953 年 5 月，美国海军宣布沃特公司的 V-383 方案胜出，并订购 3 架 XF8U-1 原型机用于测试。首个生产型 F8U-1 于 1955 年 9 月试飞，1957 年开始服役。1962 年，F8U 战斗机因美国海军、空军统一航空器编号，更名为 F-8 战斗机。

实战性能

F-8 战斗机事故率低、机动性能好，在 20 世纪 50 年代末至 60 年代中期是美国海军的主力舰载战斗机。该机安装有 4 门 20 毫米机炮，每门备弹 125 发。机身两侧各有 2 个武器挂架，可挂载 4 枚 "响尾蛇" 空对空导弹，也可挂载 8 枚 127 毫米 "阻尼" 火箭弹。

趣味小知识

F-8 战斗机是美国研制的最后一种以机炮为主要武器的飞机，所以 F-8 战斗机的飞行员常称自己为 "最后的枪手"。

美国 F-10 "空中骑士"战斗机

F-10"空中骑士"（F-10 Skyknight）战斗机是道格拉斯公司研制的一款舰载夜间战斗机，也是世界上最早的喷气式夜间战斗机。

基本参数	
机身长度	13.84 米
机身高度	4.9 米
翼展	15.24 米
空重	8237 千克
最高速度	770 千米 / 时
相关简介	

▶ 研发历史

二战结束前夕，美国海军提出喷气式舰载夜间战斗机的设计提案要求。随后，寇蒂斯、道格拉斯、弗列特文和格鲁曼等厂商根据美国海军的设计要求提出了各自的设计方案。1946 年 4 月，美国海军指令道格拉斯公司制造 3 架被命名为XF3D-1 的原型机。1948 年 3 月，XF3D-1 的原型机在莫洛克基地首次试飞。1949 年 5 月，美国海军发布了 F3D-2 的初步设计规范。1950 年 2 月，第一架生产型 F3D-1 出厂。1951 年 2 月，第一架 F3D-2 首次试飞。1962 年 9 月，美国对飞机进行了重新编号，F3D 战斗机更名为 F-10 战斗机，F3D-1 编号为 F-10A，F3D-2 编号为 F-10B。

▶ 实战性能

F-10 战斗机为便于两名飞行员相互配合，采用飞行员和雷达员左右并座的气密座舱，相对宽敞，乘员没有弹射座椅，逃生时拉开左右座舱间的舱门，通过一个向后下方的倾斜管道，从发动机短舱间的腹部出口离机。对于高空飞行，舱内除了空调外，还有加压设备。该机装有 4 门 20 毫米机炮，各配炮弹 200 发。机翼两侧折叠部位内侧的 4 个挂架最多可以携带 1800 千克的炸弹、火箭或油箱。

> **趣味小知识**
>
> F-10 战斗机在海上作战中存在着许多问题，包括飞行能见度差、雷达设备故障等，所以其服役表现并没有给部队留下深刻印象。

美国 F-11 "虎" 战斗机

F-11 "虎"（F-11 Tiger）战斗机是格鲁曼公司研制的一款舰载单座战斗机，一共制造了 200 架。

基本参数	
机身长度	14.3 米
机身高度	4 米
翼展	9.6 米
空重	6277 千克
最高速度	1170 千米 / 时
相关简介	

研发历史

F-11 战斗机的研发计划始于 1952 年，当时格鲁曼公司自行出资，对修改 F9F-6 "美洲狮" 战斗机的设计使之符合面积律原理的可行性进行了研究。其目的在于减少飞机的跨音速阻力，并取得超音速飞行能力。F-11 战斗机于 1954 年 7 月首次试飞，1956 年正式服役。该机在美国海军只服役了 5 年，1961 年最后一批 F-11 战斗机从 VF-33 和 VF-111 中队退出。

实战性能

F-11 战斗机与 F-8 "十字军" 战斗机几乎同时进入美国海军服役，F-8 战斗机的速度比 F-11 战斗机快得多，作为武器平台更令人满意。虽然 F-11 战斗机的海平面速度快于 F-8 战斗机，操纵品质也更好，但它在 10000 米高度的速度比 F-8 战斗机要慢得多，爬升率和作战半径也稍逊一筹。此外，莱特 J65 发动机的可靠性也一直不佳，而且当时它已经达到了潜能的极限，这也注定了 F-11 战斗机的服役时间不会很长。

趣味小知识

F-11 战斗机曾在下列航空母舰上短暂服役："游骑兵" 号（CVA-61）、"勇猛" 号（CVA-11）、"萨拉托加" 号（CVA-60）、"福莱斯特" 号（CVA-59）和 "好人理查德" 号（CVA-31）。

美国 F-14 "雄猫" 战斗机

F-14 "雄猫"（F-14 Tomcat）战斗机是格鲁曼公司研制的一款舰载战斗机，专门负责以航空母舰为中心的舰队防卫任务。

研发历史

1967 年 7 月，美国海军向各大飞机制造公司发出了新型舰载战斗机的招标。1968 年 2 月，格鲁曼公司的设计方案中标，并获得制造 6 架原型机 / 预生产型的合同，新机军用编号是 F-14。1970 年 12 月 21 日，原型机首次试飞。1974 年 9 月，F-14 战斗机正式服役，主要用于替换性能逐渐落伍的 F-4 "鬼怪 II"战斗机。1987 年，装备改进型发动机的 F-14B 正式投产。1988 年，该机在雷达、航空电子设备和导弹挂载能力等方面经过了进一步改进升级，并定名为 F-14D。

基本参数	
机身长度	19.1 米
机身高度	4.88 米
翼展	19.54 米
空重	19838 千克
最高速度	2485 千米 / 时
相关简介	

机体设计

F-14 战斗机采用双发双垂尾中单翼布局，机头略微下倾，有利于扩大飞行员的视野。座舱前后纵列布置，飞行员在前，雷达官在后，机背以小角度向后延伸，然后再和主机身平行融合。机身两侧进气，采用当时流行的斜切矩形进气口，以提高大迎角性能。机身为全金属半硬壳式结构，采用机械加工框架，钛合金主梁及轻合金应力蒙皮。前段机身由机头和座舱组成，停机时机头罩可向上折起。中段机身是简单的盒形结构，可以贮油。后段机身从前至后变薄，尾部装外伸的排油管。F-14 战斗机拥有较高的强度重量比，机体结构中有 25% 的钛合金、15% 的钢、36% 的铝合金，还有 4% 的非金属材料和 20% 的复合材料。

驾驶舱内部特写

▶ 实战性能

　　F-14 战斗机的固定武器为 1 门 20 毫米 M61 机炮，10 个外挂点可搭载 AIM-54 "不死鸟"、AIM-7 "麻雀" 和 AIM-9 "响尾蛇" 等空对空导弹，以及联合直接攻击弹药、Mk 80 系列常规炸弹、Mk 20 "石眼" 集束炸弹、"铺路" 系列激光制导炸弹等武器。F-14 战斗机装备了 AN/AWG-9 远程火控雷达系统，可在 140 千米的距离上锁定敌机。该机还装备了当时独有的资料链，可将雷达探测到的资料与其他 F-14 战斗机分享，其雷达画面能显示其他 F-14 战斗机探测到的目标。

尾喷口特写

趣味小知识

　　在托尼·斯科特执导、汤姆·克鲁斯主演的电影《壮志凌云》中，作为电影故事背景的美国海军战斗机武器学校就是以 F-14 战斗机作为学员的训练用机。

美国 F-15 "鹰" 式战斗机

　　F-15 "鹰" 式（F-15 Eagle）战斗机是麦克唐纳·道格拉斯公司研制的一款全天候双发战斗机，1976 年 1 月开始服役。

研发历史

　　F-15 战斗机是由 1962 年展开的 F-X 计划发展而来。在战斗机世代上，按照原先的欧美标准被归类为第三代战斗机，现在已和俄罗斯标准统一称为第四代战机。该机的设计思想是替换在越南战场上问题层出的 F-4 战斗机，要求对1975 年之后出现的任何敌方战斗机保持绝对的空中优势，设计时要求其 "没有一磅重量用于对地"。该机主要有 A 型、B 型、C 型、D 型四种型号，其中 A 型和 C 型为单座型，B 型和 D 型为双座型。美国空军是 F-15 战斗机最早也是数量最大的使用者，其计划将 F-15 服役至 2025 年。

基本参数	
机身长度	19.43 米
机身高度	5.68 米
翼展	13.03 米
空重	12973 千克
最高速度	3000 千米 / 时
相关简介	

机体设计

　　F-15 战斗机的机身为全金属半硬壳式结构，机身由前、中、后三段组成。前段包括机头雷达罩、座舱和电子设备舱，主要结构材料为铝合金。中段与机翼相连，部分采用钛合金件承受大载荷。后段为钛合金结构发动机舱。锯齿形前缘的平尾为全动式，面积大，可满足高速飞行和机动需要。机翼前梁为铝合金，后三梁为钛合金。

尾喷口特写

✦ 实战性能

F-15战斗机使用的多功能脉冲多普勒雷达具备较好的下视搜索能力，利用多普勒效应可避免目标的信号被地面噪声所掩盖，能追踪树梢高度的小型高速目标。F-15战斗机安装有1门20毫米M61A1机炮，另有11个外挂点（机翼6个，机身5个），总挂载量达7300千克，可使用AIM-7、AIM-9和AIM-120等空对空导弹，以及包括Mk 80系列无导引炸弹在内的多种对地武器。

驾驶舱外部特写

趣味小知识

　　F-15战斗机在电影作品中大出风头：1984年推出的科幻卡通影片《变形金刚》中，红蜘蛛、雷公和天钩都是变形成为F-15战斗机；1996年推出的《独立日》中，F-15战斗机曾护卫过总统的空军一号；2005年推出的《世界之战》中，一个联队的F-15E战斗机以AIM-9导弹攻击外星人的三足载具。

美国 F-16 "战隼" 战斗机

F-16 "战隼"（F-16 Falcon）战斗机是通用动力公司（1993 年通用动力公司将飞机制造事业出售给洛克希德公司）为美国空军研制的一款多功能喷气式战斗机，属于第四代战斗机。

研发历史

F-16 战斗机原本是通用动力公司研制的低成本、单座轻型战斗机，第一种生产型于 1979 年 1 月进入现役。后经改进，前后有 F-16A、F-16B、F-16C、F-16D、F-16E、F-16F、F-16V、F-16I 和 F-16ADF 等十余种型号。目前，F-16 战斗机的总产量超过 4500 架。除美国外，以色列、埃及、土耳其、韩国、希腊、荷兰、丹麦和挪威等国家也有订购。冷战后，美国空军对军机的需求量下降，通用动力公司于 1992 年 12 月宣布将 F-16 战斗机的生产线卖给洛克希德·马丁公司。

基本参数	
机身长度	15.02 米
机身高度	5.09 米
翼展	9.45 米
空重	8272 千克
最高速度	2173 千米 / 时
相关简介	

机体设计

F-16 战斗机的机身采用半硬壳式结构，外形短粗，采用翼身融合体形式与机翼连接，使机身与机翼圆滑地结合在一起，从而减小了阻力，提高了升阻比，增加了刚度，并且对减小雷达反射面积也有好处。尾部有全动式平尾，平面形状与机翼相似，翼根整流罩后部是开裂式减速板。垂尾较高，安定面大，后缘是全翼展的方向舵。腹部有 2 块面积较大的安定翼面。起落架为前三点式，可收放在机身内部。座舱盖是气泡形的，飞行员视野很好，内装零 - 零弹射座椅。

头部特写

实战性能

F-16 战斗机是美国第一种能够进行 9G 过载机动的战斗机，也是美国最早采用电传操纵系统、人体工程学座舱的战斗机之一。该机安装有 1 门 20 毫米 M61 "火神" 机炮，备弹 511 发。该机可以携带的导弹包括 AIM-7、AIM-9、AIM-120、ACM 65、AGM-88、AGM-84、AGM-119 等，另外还可以挂载 AGM-154 联合防区外武器、CBU-87/89/97 集束炸弹、GBU-39 小直径炸

发动机尾喷口特写

弹、Mk 80 系列无导引炸弹、"铺路" 系列制导炸弹、联合直接攻击炸弹、B61 核弹等。

趣味小知识

在海湾战争中，美国空军在实战中首次使用了 F-16 战斗机。该机是海湾战争中部署量最多的一种飞机（共计 251 架），共出动了 13480 架次，在美军飞机中出动率最高，平均每架飞机出动 537 次。在该战争中，F-16 战斗机执行了战略进攻、争夺制空权、压制防空兵器、空中遮断等任务。

美国 F/A-18 "大黄蜂" 战斗 / 攻击机

F/A-18 "大黄蜂"（F/A-18 Hornet）战斗 / 攻击机是美国专门针对航空母舰起降而开发的一款对空 / 对地全天候多功能舰载机，于 1983 年 1 月开始服役。

研发历史

F/A-18 战斗 / 攻击机的研发历史最早可以追溯到美国空军发展的轻型战机（LWF）计划，当时通用公司与诺斯洛普公司（现诺斯洛普·格鲁曼公司）获得最后决选权，分别发展出 YF-16 与 YF-17 两种原型机，其中 YF-16 被美国空军选中。而 YF-17 虽然在这次计划中落选，却在数年后赢得美国海军的空战战机（ACF）计划。当时，诺斯洛普、波音与制造海军飞机经验丰富的麦克唐纳·道格拉斯公司合作，以 YF-17 原型机为蓝本开发出海军版的原型机，并打败由 F-16 衍生出的舰载机版本。最初计划制造战斗机版 F-18 与攻击机版 A-18 两种型号，但最终采纳了美国海军的意见将其合二为一变成 F/A-18 战斗 / 攻击机。

基本参数	
机身长度	17.1 米
机身高度	4.7 米
翼展	11.43 米
空重	11200 千克
最高速度	1814 千米 / 时
相关简介	

机体设计

F/A-18 战斗 / 攻击机的机身采用半硬壳结构，主要采用轻合金，增压座舱采用破损安全结构，后机身下部安装着舰用的拦阻钩。机翼为悬臂式的中单翼，后掠角不大，前缘为全翼展机动襟翼，后缘内侧有液压动作的襟翼和副翼。尾翼也采用悬臂式结构，平尾和垂尾均有后掠角，平尾低于机翼。起落架为前三点式，前起落架上有供弹射起飞用的牵引杆。座舱采用气密、空调座舱，内装有弹射座椅。

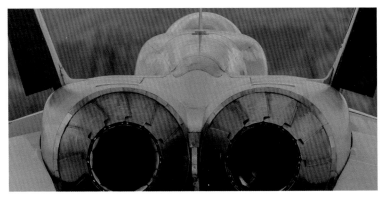

发动机尾喷口特写

实战性能

F/A-18战斗 / 攻击机的主要特点是可靠性和维护性好，生存能力强，大仰角飞行性能好，以及武器投射精度高。该机的固定武器为1门20毫米M61A1机炮，F/A-18A/B/C/D 有 9 个外挂点，其中翼端2个、翼下4个、机腹3个，外挂载荷最高可达6215千克。F/A-18E/F 的外挂点有所增加，不但能携带更多的武器，而且可外挂5个副油箱，并具备空中加油能力。

立尾特写

趣味小知识

1991年的海湾战争中，共190架F/A-18战斗 / 攻击机参战，其中美国海军有106架，美国海军陆战队有84架。在行动中，有1架在战斗中损失，2架损失于非战斗事故。另外有3架受到地对空导弹攻击，在返回基地后经过维修又恢复作战能力。

美国 F-22 "猛禽" 战斗机

F-22 "猛禽"（F-22 Raptor）战斗机是洛克希德·马丁公司研制的一款单座双发高隐身性第五代战斗机，是世界上最先服役的第五代战斗机，一共制造了 195 架。

研发历史

F-22 战斗机的研发最早可以追溯到 1971 年，当时美国战术空军指挥部提出了先进战术战斗机（Advanced Tactical Fighter，简称 ATF）计划。由于经费的问题，这个计划一直被推迟到 1982 年 10 月才最终定案，同时提出技术要求。1986 年，以洛克希德公司（尚未与马丁公司合并）和波音公司为主的研制小组提出 YF-22 方案，并中标。1997 年，洛克希德·马丁公司首次公开 F-22 战斗机，并正式将其命名为"猛禽"。2005 年 12 月，F-22 战斗机正式服役。因法规的限制，F-22 战斗机无法出口，美国空军暂时是唯一使用者。

基本参数	
机身长度	18.92 米
机身高度	5.08 米
翼展	13.56 米
空重	19700 千克
最高速度	2410 千米／时
相关简介	

机体设计

F-22 战斗机采用双垂尾双发单座布局，垂尾向外倾斜 27°。两侧进气口装在边条翼下方，与喷嘴一样，都做了抑制红外辐射的隐形设计。主翼和水平安定面采用相同的后掠角和后缘前掠角，水滴形座舱盖凸出于前机身上部，全部武器都隐蔽地挂在四个内部弹舱之中。

实战性能

F-22 战斗机在设计上具备超音速巡航（不需使用加力燃烧室）、超视距作战、高机动性、对雷达与红外线隐形等特性。该机安装有 1 门 20 毫米 M61 "火神" 机炮，备弹 480 发。在空对空任务时，通常携带 6 枚 AIM-120 先进中程空对空导弹和 2 枚 AIM-9 "响尾蛇" 空对空导弹。在空对地任务时，则携带 2 枚联合直接攻击弹药（或 8 枚 GBU-39 小直径炸弹）、2 枚 AIM-120 先进中程空对空导弹和 2 枚 AIM-9 "响尾蛇" 空对空导弹。

驾驶舱外部特写

尾部特写

高速飞行的 F-22 战斗机

趣味小知识

在 2007 年电影《变形金刚》中，"狂派" 阵营的天王星就是以 F-22 战斗机的形态在地球上战斗，对抗一支 F-22 战斗机编队，并于最后离开地球。

美国 F-35 "闪电Ⅱ" 战斗机

F-35 "闪电Ⅱ" (F-35 Lightning Ⅱ) 战斗机是洛克希德·马丁公司研制的一款单发单座多用途战机,于 2015 年 7 月开始服役。

研发历史

F-35 战斗机源于美军的 "联合打击战斗机" (Joint Strike Fighter, JSF) 计划,主要用于前线支援、目标轰炸、防空截击等多种任务,并因此发展出三种主要的衍生机型,包括采用传统跑道起降的 F-35A 型,短距离 / 垂直起降的 F-35B 型,以及作为舰载机的 F-35C 型。2015 年 7 月, F-35B 型开始进入美国海军陆战队服役。2016 年 8 月, F-35A 型也开始进入美国空军服役。至于 F-35C 型,则在 2019 年 2 月进入美国海军服役。

基本参数	
机身长度	15.67 米
机身高度	4.33 米
翼展	10.7 米
空重	13154 千克
最高速度	1930 千米 / 时
相关简介	

机体设计

F-35 战斗机的外形很像 F-22 战斗机的单发动机缩小版,其隐身设计借鉴了 F-22 战斗机的很多技术与经验。F-35 战斗机采用古德里奇公司为其量身定制的起落架系统,配备固特异公司制造的 "智能" 轮胎,轮胎中内置了传感器和信号发射装置,可以监测胎压胎温。

实战性能

F-35 战斗机配备的头盔显示器

驾驶舱外部特写

与美国以往的战机相比，F-35 战斗机具有廉价耐用的隐身技术、较低的维护成本，并用头盔显示器完全替代了抬头显示器。因后发优势，F-35 战斗机在某些方面反而比 F-22 战斗机更先进。F-35 战斗机安装有 1 门 25 毫米 GAU-12/A "平衡者" 机炮，备弹 180 发。除机炮外，F-35 战斗机还可以挂载 AIM-9X、AIM-120、AGM-88、AGM-154、AGM-158、海军打击导弹、远程反舰导弹等多种导弹武器，并可以使用联合直接攻击炸弹、风修正弹药撒布器、"铺路"系列制

双机编队

导炸弹、GBU-39 小直径炸弹、Mk 80 系列无导引炸弹、CBU-100 集束炸弹、B61 核弹等，火力十分强劲。

趣味小知识

虽然美国是 F-35 战斗机主要的购买国与资金提供者，但英国、意大利、荷兰、加拿大、挪威、丹麦、澳大利亚和土耳其也为此研发计划提供了 43.75 亿美元经费。

俄罗斯拉 –5 战斗机

拉 –5 战斗机是苏联在二战中后期的主力战斗机之一，还常被认为是苏联当时综合表现最优秀的战斗机。

研发历史

苏德战争爆发后，虽然拉格 –3 战斗机表现不出众，但它却有苏联当时其他较新的战斗机（如雅克 –1）所没有的高防弹和抗毁性能。不过，拉格 –3 战斗机存在液冷式发动机功率不足的问题。为了彻底解决马力不足的问题，拉沃契金等人实验性地为拉格 –3 装上了 M–82 星型气冷发动机，而这一改型最终演化为成功的拉 –5 战斗机。因为拉沃契金的搭档离开了设计局，所以该机被单独命名为拉 –5 战斗机。拉 –5 战斗机从 1942 年开始生产，总产量在 1 万架左右。

基本参数	
机身长度	8.6 米
机身高度	2.54 米
翼展	9.8 米
空重	2605 千克
最高速度	648 千米 / 时
相关简介	

实战性能

拉 –5 战斗机为单座单发式螺旋桨战斗机，其最大特色是首创了前缘襟翼的构造，使用后三点收放式起落架，配 3 叶式螺旋桨和气泡式座舱，有外露式的无线电天线。该机使用 M–82 星型十四气缸气冷发动机，配备机械增压器，最大功率1268 千瓦。拉 –5 战斗机在前机身上方安装有 2 门 20 毫米机炮，备弹 200 发，外翼下方可以挂载 150 千克炸弹。

趣味小知识

相对于另一苏联战时主力战斗机雅克 –9 因受制于任务性质而获得毁誉参半的评价，或专司格斗而用途过狭窄的雅克 –3，除了超短航程外与备弹较少的缺点外，相对较均衡的拉 –5 战斗机几乎是一面倒地受到实战部队的欢迎。

俄罗斯拉－7 战斗机

拉－7 战斗机是拉－5 战斗机的改进型，也是二战中苏联空军最实用的战斗机之一，一共制造了 5905 架。

研发历史

拉－7 战斗机于 1944 年 2 月 1 日首次试飞，同年春季正式服役。服役初期，拉－7 战斗机由于沙尘被吸入发动机而发生故障的情况很多，致使出勤率不足五成。后来，拉沃契金设计局在发动机内加装了滤砂器。此外，飞行员抱怨驾驶舱狭小，不便乘坐，这个问题始终难以解决。由于制造拉－7 战斗机的木材没有经过除虫和除真菌处理，致使飞机寿命不超过 3 年，故在 1947 年，拉－7 战斗机从苏联空军退役。

基本参数	
机身长度	8.6 米
机身高度	2.54 米
翼展	9.8 米
空重	3315 千克
最高速度	661 千米 / 时
相关简介	

实战性能

拉－7 战斗机的主要结构仍是木材，机身主梁和各舱段隔板为松木，蒙皮为薄胶合板和多层高密度织物压制而成，厚度由机头至机尾为 6.8 毫米至 3.5 毫米，其强度要比拉－5 战斗机更大。机头由于要镶上发动机和弹药舱等，故采用铬钼合金钢管焊接的支架，驾驶舱也采用金属钢管焊接的支架结构。座舱玻璃为厚 55 毫米的有机玻璃。

趣味小知识

苏联空军第一个装备拉－7 战斗机的是第 176 近卫战斗机航空团，其指挥官是有名的空战王牌伊凡·阔日杜布，在他的 62 个战果当中有 17 个就是靠拉－7 战斗机取得的。

俄罗斯雅克-3战斗机

雅克-3战斗机是雅克列夫设计局研制的一款单座单发平直翼活塞式亚音速战斗机，一共制造了4848架。

研发历史

苏德战争初期，雅克列夫设计局的雅克-1战斗机可以说是唯一能对抗德国Bf 109E/F战斗机的苏联战斗机。在德国更新锐的Fw 190A和Bf 109G推出之后，雅克列夫设计局也计划推出一种能够对抗任何新锐敌军机型的高性能战斗机，并以在中低空有效夺取制空权为目的，要有轻巧而能够承受各种特技动作的坚固机体，并以既有的液冷式发动机为动力。在这种设计思想下，雅克-3战斗机正式问世。因德国空军的轰炸以及将生产工厂设备撤退至后方等种种原因，使得雅克列夫设计局优先推出与雅克-1较相近的简化版雅克-9，而雅克-3则自1944年起开始生产并投入服役。

基本参数	
机身长度	8.5米
机身高度	2.39米
翼展	9.2米
空重	2105千克
最高速度	655千米/时
相关简介	

实战性能

雅克-3战斗机是一种下单翼单座液冷式螺旋桨战斗机，采用全金属结构和后三点收放式起落架。该机的武器为1门20毫米机炮和2挺12.7毫米机枪，机炮备弹150发。雅克-3是苏联在二战后期空优性能最好的战斗机，是唯一可以直面德国Bf 109E/F战斗机的苏联战斗机。

趣味小知识

雅克-3战斗机一服役就战果惊人，在1944年7月14日，一队刚编成的雅克-3战斗机中队共18架，迎战30架Bf 109战斗机，一共击落15（一说24）架敌机而本队无一损失。

俄罗斯雅克 –9 战斗机

雅克 –9 战斗机是雅克列夫设计局研制的一款单发战斗机，是苏联在二战中生产数量最多的战斗机，一共制造了 16769 架。

研发历史

雅克 –9 战斗机是雅克系列战斗机的最后型号，于 1942 年 6 月首次试飞，同年 10 月正式服役。该机的总产量超过 1.6 万架，也是自雅克 –1 以来全系列当中产量最多的一型。作为一款成功的战斗机，雅克 –9 被发展为一个数量庞大的系列，包括战术侦察型雅克 –9P、战斗轰炸型雅克 –9B 和雅克 –9T，以及长程型雅克 –9D 和后期的标准型雅克 –9U 等。

基本参数	
机身长度	8.55 米
机身高度	3 米
翼展	9.74 米
空重	2350 千克
最高速度	591 千米 / 时
相关简介	

实战性能

雅克 –9 战斗机是根据作战经验自雅克 –7 战斗机改良而来，主要特征是完全使用气泡式封闭座舱，可以很明显地与早期的雅克 –1 战斗机区分。该机的固定武器是 1 门 20 毫米 ShVAK 同轴机炮和 1 挺 12.7 毫米 UBS 机枪。虽然雅克 –9 战斗机的整体性能还算不错，但也有一些较严重的缺点，例如，防弹和抗毁性较差等。

趣味小知识

雅克 –9 战斗机以成本与材料形成低廉造价而来的数量优势，在 1942 年年底开始服役，并逐渐在东线战场取得和德方空中优势的平衡，也取代其前身雅克 –1 和更早期的伊 –16 成为新锐的主力机种。

俄罗斯雅克 –38 战斗机

雅克 –38 战斗机是雅克列夫设计局为苏联海军研制的一款舰载垂直起降战斗机,一共制造了 231 架。

研发历史

雅克 –38 战斗机由雅克列夫设计局于 20 世纪 60 年代末开始研制,1971 年首次试飞,1976 年开始服役,北约代号为"铁匠"。除初期型雅克 –38 外,还有双座型雅克 –38U 和改良型雅克 –38M。20 世纪 80 年代中期,雅克 –38 战斗机转为陆上使用。1991 年,该机被封存(事实上的退役)。

实战性能

雅克 –38 战斗机主要用于对地面和海面目标实施低空攻击的侦察,并具有一定的舰队防空能力。该机装有 3 台发动机,分别位于机尾的推进 / 升举发动机和驾驶舱后方的两台升举发动机。雅克 –38 战斗机的主翼可以向上折叠,用来节省存放空间。该机也有不少缺点,例如,机械结构较为复杂,垂直起飞时耗油量较大,且因需要协调 3 台发动机共同工作,所以故障率较高。

基本参数	
机身长度	16.37 米
机身高度	4.25 米
翼展	7.32 米
空重	7385 千克
最高速度	1280 千米 / 时
相关简介	

趣味小知识

雅克 –38 战斗机在十余年的服役时间里,一共坠毁了 36 架,不过并没有人员死亡。其中弹射坐椅工作 33 次,全部弹射成功,包括 18 次自动弹射,13 次手动弹射。

俄罗斯米格-15"柴捆"战斗机

米格-15战斗机是米高扬设计局研制的苏联第一代喷气式战斗机，北约代号为"柴捆"，一共制造了17310架（包括他国特许生产型）。

研发历史

1946年，米格-15战斗机开始设计时，受到苏军缴获的德国Ta 183喷气式飞机的影响很大，但总体设计还是由苏联设计师完成。1947年12月，米格-15战斗机首次试飞。1948年年底，该机开始大量装备苏联空军，最初集中部署在莫斯科周围，并迅速成为苏军的主力战斗机。米格-15战斗机各型的总产量超过17000架，曾装备俄罗斯、波兰、捷克斯洛伐克、保加利亚、埃及、阿尔及利亚等38个国家，是苏联制造数量最多的一型喷气式战斗机。

基本参数	
机身长度	10.1米
机身高度	3.7米
翼展	10.1米
空重	3580千克
最高速度	1075千米/时
相关简介	

实战性能

米格-15战斗机安装了3门机炮，翼下还可以挂载炸弹和副油箱。除了航程较短外，米格-15战斗机在当时拥有最先进的性能指标。不过，由于没有装备雷达，米格-15战斗机并不具备全天候作战能力。由于米格-15战斗机的表现出色，在活塞飞机时代默默无闻的米高扬设计局也因此扬名立万。

趣味小知识

据苏联国家档案资料记载：1950年11月至1952年1月，苏军击落的美机与自己损失飞机的比例为7.9：1；1952年为2.2：1；1953年为1.9：1。在美苏喷气式战斗机的较量中，米格-15战斗机一直处于上风。

俄罗斯米格-17"壁画"战斗机

米格-17战斗机是米高扬设计局研制的一款单发战斗机,北约代号为"壁画",一共制造了10649架(包括他国特许生产型)。

研发历史

20世纪40年代末,米高扬设计局决定改善米格-15战斗机的缺点,尤其是在高速飞行下米格-15战斗机飞行性能极差的缺点,由此产生了代号为SI的战术战斗机项目。此外,还有一个代号为SP-2的全天候战斗机项目。SI项目最终发展成为米格-17战斗机。该机于1949年12月首次试飞,1952年进入苏联空军服役。

实战性能

米格-17战斗机是基于米格-15战斗机的研发经验研制的单发战斗机,其基本型号只有1名飞行员,采用中单翼设计,起落架可伸缩。机身结构为半硬壳全金属结构。座舱采用了加压设计,气压来源由发动机提供。前方和后方有装甲板保护。前座舱罩是65毫米厚的防弹玻璃。紧急时,驾驶员可以使用弹射座椅脱离。

基本参数	
机身长度	11.26米
机身高度	3.8米
翼展	9.63米
空重	3798千克
最高速度	1114千米/时
相关简介	

趣味小知识

1956年,美国开始使用U-2侦察机,米格-17战斗机不断试图拦截这种新型高空侦察机,但是始终无法成功。

俄罗斯米格-19"农夫"战斗机

米格-19是米高扬设计局研制的一款单座双发喷气后掠翼战斗机，北约代号为"农夫"，一共制造了2172架。

基本参数	
机身长度	12.5米
机身高度	3.9米
翼展	9.2米
空重	5447千克
最高速度	1455千米/时
相关简介	

研发历史

1950年，苏联政府命令米高扬设计局研制一种飞行速度能够超越音速并且航程要大于该设计局以前研制的所有战斗机。为此，米高扬设计局提出了SM-1双发超音速战斗机的验证机计划，该计划的主要目标是解决如何持续进行超音速平飞和超音速飞行所带来的操作问题，这项计划最终的成果就是米格-19战斗机。该机于1953年9月首次试飞，1955年3月开始服役。20世纪60年代到70年代，米格-19战斗机是苏联国土防空部队的主要装备。

实战性能

米格-19战斗机的气动外形和米格-15、米格-17战斗机一脉相承。该机爬升快，加速性和机动性好，火力强，能全天候作战，主要用于空战，争夺制空权，也可实施对地攻击。米格-19战斗机安装有1门固定的机首机炮和2门机翼机炮，还可通过4个挂架挂载导弹或火箭弹，导弹型号主要为R-3空对空导弹，火箭弹包括S-5系列。

趣味小知识

早期米格-19战斗机的油箱直接安装在2台发动机下方，在飞行中发动机温度不断升高导致油箱爆炸。后来生产的米格-19战斗机在油箱和发动机间增加了隔热金属板。

俄罗斯米格 –21 "鱼窝" 战斗机

米格 –21 战斗机是米高扬设计局研制的一款单座单发轻型战斗机，北约代号为 "鱼窝"，一共制造了 11 496 架。

研发历史

米格 –21 战斗机于 20 世纪 50 年代初开始研制，1956 年首次试飞，1959 年正式服役。该机是第二代战斗机的典型代表，除苏联军队大量装备外，阿塞拜疆、保加利亚、印度、利比亚、越南、叙利亚、乌克兰、波兰、印度尼西亚、匈牙利等国家均有装备。

基本参数	
机身长度	15.4 米
机身高度	4.13 米
翼展	7.15 米
空重	5700 千克
最高速度	2125 千米 / 时
相关简介	

实战性能

米格 –21 战斗机的主要任务是高空高速截击、侦察，也可用于对地攻击，特点是轻巧、灵活、爬升快、跨音速和超音速操纵性好，火力强，其中高空高速性能被摆在了首要位置。此外，该机价格也比较便宜，适合大规模生产。米格 –21 战斗机有 20 多种改型，除几种试验用改型，其余的几款外形尺寸变化不大，虽然重量不断增加，也换装推力加大的发动机，但是飞行性能差别不大。由于机载设备和武器不同，各型号的作战能力也有明显差别。

趣味小知识

1992 年以来，印度空军共有 100 多架米格 –21 战斗机坠毁，其中有些由于仿制部件存在技术缺陷而造成的事故。

俄罗斯米格-23 "鞭挞者" 战斗机

米格-23 战斗机是米高扬设计局研制的一款多用途超音速战斗机，北约代号为"鞭挞者"，一共制造了 5047 架。

发动机尾喷口特写

机鼻部位特写

基本参数	
机身长度	16.7 米
机身高度	4.82 米
翼展	13.97 米
空重	9595 千克
最高速度	2445 千米 / 时
相关简介	

研发历史

米格-23 战斗机是米高扬设计局于 20 世纪 60 年代初开始研制的，是设计师米高扬一生中最后一个亲自设计的项目。1967 年 6 月，米格-23 战斗机的原型机首次试飞。1968 年，米格-23 战斗机开始批量生产，1970 年进入苏联空军服役。该机于 1994 年从俄罗斯退役，但仍在其他十多个国家继续服役。

实战性能

米格-23 战斗机的设计思想强调了较大的作战半径、在多种速度下飞行的能力、良好的起降性和优良的中低空实战性能。机载武器方面，米格-23 战斗机除 1 门固定的 GSh-23L 双管 23 毫米机炮外，还可以通过机翼和机身下的挂架挂载包括 R-3、R-23/24 和 R-60 在内的多款空对空导弹。米格-23MLD 战斗机更是可以使用先进的 R-27 和 R-73 空对空导弹。

趣味小知识

1974 年至 1985 年，叙利亚和以色列的战绩比较：1974 年 4 月 19 日至 1983 年 10 月 4 日，叙利亚使用米格-23 战斗机击落以色列战斗机 17 架；1982 年 6 月 7 日至 1985 年 11 月 20 日，以色列击落叙利亚米格-23 战斗机 12 架。

俄罗斯米格 –25 "狐蝠" 战斗机

米格 –25 是米高扬设计局于 20 世纪 60 年代研制的一款高空高速战斗机，北约代号为"狐蝠"（Foxbat），一共制造了 1186 架。

尾翼特写

机鼻部位特写

基本参数	
机身长度	19.75 米
机身高度	6.1 米
翼展	14.01 米
空重	20000 千克
最高速度	3600 千米 / 时
相关简介	

研发历史

米高扬设计局于 1958 年展开高空高速截击机的研发，米格 –25 战斗机的原型机 E–155 于 1961 年开始研制。侦察原型机 E–155R–1 和截击原型机 E–155P–1 分别于 1964 年 3 月和 9 月首次试飞。1970 年，米格 –25 战斗机正式进入苏联军队服役。

实战性能

米格 –25 战斗机在设计上强调高空高速性能，曾打破多项飞行速度和飞行高度世界纪录，例如，在 24000 米高度上以 2.8 马赫的速度持续飞行。为了保证机体能够承受住高速带来的高温，米格 –25 战斗机大量采用了不锈钢结构，但这样的高密度材料却给米格 –25 战斗机带来了更大的重量和更高的耗油量，在其突破 3 马赫高速飞行时油料不能支撑太久，而且机体自身的重量也限制了它的载弹量。

趣味小知识

1992 年 12 月，伊拉克空军一架米格 –25 飞机在伊拉克北部禁飞区被美国 F–16 战斗机使用 AIM–120 先进中距空对空导弹击落。但后来伊拉克空军在长期的对抗中总结了经验并创立了行之有效的新战术，曾有米格 –25 战斗机在被美军发现并发射 AIM–120 导弹（此前该导弹在实战中从无失手）攻击的情况下居然能够以高速转弯迅速脱离，使美国人大跌眼镜。

俄罗斯米格–29"支点"战斗机

米格–29 战斗机是米高扬设计局研制的一款双发高性能制空战斗机，北约代号为"支点"（Fulcrum）。

研发历史

1969 年，苏联开始发展"未来前线战斗机"计划（PFI）。1971 年，这个计划被一分为二，即"重型先进战术战斗机"（TPFI）、"轻型先进战术战斗机"（LPFI）。前者由苏霍伊设计局负责，后者由米高扬设计局，最终促成了苏–27 战斗机和米格–29 战斗机的问世。米格–29 的原型机于 1977 年 10 月首次试飞，1982 年投入批量生产，同年开始装备部队。

基本参数	
机身长度	17.32 米
机身高度	4.73 米
高度	11.36 米
空重	11000 千克
最高速度	2400 千米/时
相关简介	

机体设计

米格–29 战斗机的整体气动布局为静不安定式，低翼面载荷，高推重比。精心设计的翼身融合体是其气动设计上的最大特色。米格–29 战斗机的机身结构主要为铝合金组成，部分机身加强隔框使用了钛材料，以适应特定的强度和温度要求，另外少量采用了铝锂合金部件。该机的 2 台发动机间有较大空间，在机背上形成了一个长条状的凹陷。

★ 实战性能

米格 -29 战斗机安装有 1 门 30 毫米 Gsh-301 机炮,备弹 150 发。机炮埋入机首左侧的翼边内,从正面看是一个小孔。米格 -29 战斗机的机翼下有 7 个挂点,机翼每侧 3 个,机身中轴线下 1 个,最大载弹量为 2 000 千克。与以往的苏制战机相比,米格 -29 战斗机的驾驶舱视野有所改善,但仍然不及同时期的西方战斗机。

驾驶舱外部特写

驾驶舱内部特写

趣味小知识

　　1979 年 12 月末,苏联武装入侵阿富汗。1987 年 8 月,隶属于苏联空军的米格 -29 战斗机击落了 4 架试图攻击阿富汗总统官邸的阿富汗反对派的苏 -22 攻击机。

俄罗斯米格-31"捕狐犬"战斗机

米格-31战斗机是米高扬设计局研制的一款双座全天战候斗机,北约代号为"捕狐犬",一共制造了519架。

驾驶舱内部特写

发动机尾喷口特写

研发历史

20世纪70年代,苏联空军决定在米格-25战斗机的基础上,加装大功率相控阵雷达,并改善其飞行性能,米格-31战斗机由此而生。该机于1975年9月16日首次试飞,1979年开始小批量生产,1980年开始交付部队试用,1981年正式服役。

实战性能

米格-31战斗机是苏制武器"大就是好"的典型代表,其机身巨大、推力引擎耗油高、相控阵雷达功率极强,至今仍能接受各种升级改装。与米格-25战斗机相比,米格-31战斗机的机头更粗、翼展更大,增加了锯齿前缘,进气口侧面带附面层隔板,换装推力更大的引擎并加强机体结构,以适应低空超音速飞行。此外,增加了外挂点,使其攻击火力大大加强。

基本参数	
机身长度	22.69米
机身高度	6.15米
高度	13.46米
空重	21820千克
最高速度	3255千米/时
相关简介	

趣味小知识

2011年9月6日,俄罗斯空军一架米格-31战斗机在彼尔姆边疆区坠毁,两名飞行员遇难。当时,该战斗机并没有携带武器弹药。

俄罗斯米格 -35 "支点 F" 战斗机

米格 -35 战斗机是米高扬设计局研制的一款多用途喷气式战斗机，北约代号为 "支点 F"（Fulcrum-F）。

研发历史

米格 -35 战斗机的研制计划于 1996 年首度公开，原型机于 2007 年首次试飞。在 2012 年印度的军机采购案中，米格 -35 战斗机一度入选，但 2011 年印度宣布将采购欧洲战机，这导致米格 -35 战斗机的批量生产计划一度被取消。2013 年 5 月，俄罗斯宣布采购最少 24 架米格 -35 战斗机，计划于 2019 年投入现役。2014 年 4 月，有报道称埃及空军计划拨款 30 亿美元采购 24 架米格 -35 战斗机。

基本参数	
机身长度	17.3 米
机身高度	4.7 米
翼展	12 米
空重	11000 千克
最高速度	2600 千米 / 时
相关简介	

机体设计

米格 -35 战斗机不仅配备了智能化座舱，还装有液晶多功能显示屏。它取消了进气道上方的百叶窗式辅助进气门，并在进气口安装可收放隔栅，以防止吸入异物。进气道下口位置可以调节，能增大起飞时的空气量。机身后部位置延长以保持其静稳态性。

实战性能

米格 -35 战斗机装备了全新的相控阵雷达，其火控系统中还整合了经过改进的光学定位系统，可在关闭机载雷达的情况下对空中目标实施远距离探测。该机的固定武器为1 门 30 毫米机炮，用于携带各种导弹和炸弹的外挂点为 9个，总载弹量为 6 000 千克。

头部特写

驾驶舱内部特写

趣味小知识

2012 年印度在约 126 架军机采购的遴选中，米格 -35 战斗机一度入选，俄方改装了原型机作为展示样本供印度参考。然而 2011 年 4 月印度宣布将采购法国的"阵风"战斗机。

俄罗斯苏 –27 "侧卫" 战斗机

苏 –27 战斗机是苏霍伊设计局研制的一款双发单座全天候重型战斗机，北约代号为"侧卫"（Flanker）。

研发历史

20 世纪 60 年代，美国相继研制了 F–15 重型战斗机和 F–16 轻型战斗机。作为回应，苏联从 1969 年开始了"未来前线战斗机"计划（PFI）。参与该项目竞标的有雅克列夫设计局的雅克 –45、米高扬设计局的米格 –29 以及苏霍伊设计局的 T–10（苏 –27 的原型机）。最后，米格 –29 和 T–10 胜出。前者用于对抗 F–16 战斗机，后者用于对抗 F–15 战斗机。

基本参数	
机身长度	21.94 米
机身高度	5.93 米
翼展	14.7 米
空重	17450 千克
最高速度	2876 千米 / 时
相关简介	

机体设计

苏 –27 战斗机的基本设计与米格 –29 战斗机相似，不过体型远大于后者。苏 –27 战斗机采用翼身融合技术，悬臂式中单翼，翼根外有光滑弯曲前伸的边条翼，双垂尾正常式布局，进气道位于翼身融合体的前下方，有很好的气动性能。机身为全金属半硬壳式，机头略向下垂。为了最大化地减轻重量，苏 –27 战斗机大量采用钛合金，其比例远远高于同时期的飞机。

实战性能

苏–27战斗机的机动性和敏捷性较好，续航时间长，可以进行超视距作战。不过，苏–27战斗机的机载电子设备和座舱显示设备较为落后，且不具备隐身性能。苏–27战斗机的固定武器为1门30毫米GSh-30-1机炮，备弹150发。10个外部挂架可挂载4430千克导弹，包括R-27、R-73和R-60M等空对空导弹。

机翼下挂架特写

机鼻部位特写

趣味小知识

1989年6月，苏联派2架苏–27战斗机参加了巴黎国际航展，单座型由普加乔夫驾驶，双座型由弗罗洛夫驾驶。普加乔夫驾驶飞机完成了一组高难度的复杂特技，给在场观众留下了深刻印象。其中后来被命名为"普加乔夫眼镜蛇"的动作最为神奇，水平飞行的飞机突然急剧抬头，但不上升高度，而是继续前飞，迎角增大90°、100°、110°、120°，飞机"尾部朝前"飞行，飞行速度瞬时减小到150千米／时，然后飞机改平，恢复原状。

俄罗斯苏-30"侧卫C"战斗机

苏-30战斗机是苏霍伊设计局研制的一款多用途重型战斗机，北约代号为"侧卫C"（Flanker-C）。

驾驶舱外部特写

腹部特写

基本参数	
机身长度	21.935 米
机身高度	6.36 米
翼展	14.7 米
空重	17700 千克
最高速度	2120 千米/时
相关简介	

研发历史

1986年，苏霍伊设计局展开苏-27PU长程拦截研发案，试验机于1987年7月6日首次试飞。1991年，苏-27PU获得新的编号—苏-30。1992年，第一架生产型苏-30战斗机首次试飞。1996年，苏-30战斗机正式服役。除装备俄罗斯空军外，该机还出口到阿尔及利亚、安哥拉、亚美尼亚、印度、印度尼西亚、哈萨克斯坦、马来西亚、缅甸、乌干达、委内瑞拉等国。

实战性能

苏-30战斗机为双发双座设计，外形与苏-27战斗机非常相似。苏-30战斗机的油箱容量较大，具有长航程的特性，并具备空中加油能力。该机具有超低空持续飞行能力、极强的防护能力和出色的隐身性能，在缺乏地面指挥系统信息时仍可独立完成歼击与攻击任务，其中包括在敌方纵深执行战斗任务。苏-30战斗机能够承担全范围的战术打击任务，包括夺取空中优势、防空作战、空中巡逻及护航、压制敌方防空系统、空中拦截、近距空中支援，以及对海攻击等。此外，苏-30战斗机还具备空中早期预警、指挥和调控己方机群进行联合空中攻击的能力。

趣味小知识

印度空军订购了超过200架苏-30MKI，早期的苏-30MKI由俄罗斯制造，后由印度本国制造，外界估计有200架左右的苏-30MKI在印度境内服役，印度暂时是苏-30系列战斗机服役数量最多的国家。

俄罗斯苏-33 "侧卫D" 战斗机

苏-33战斗机是苏霍伊设计局在苏-27战斗机基础上研制的一款单座双发多用途舰载机，北约代号为"侧卫D"（Flanker-D）。

研发历史

苏-33战斗机是从苏-27战斗机衍生而来的舰载机型号，1987年8月首次试飞，1998年8月正式服役，其北约代号也延续自苏-27战斗机，被称为"侧卫D"或"海侧卫"。目前，该机主要部署在俄罗斯海军唯一的现役航空母舰"库兹涅佐夫"号上。

基本参数	
机身长度	21.94 米
机身高度	5.93 米
翼展	14.7 米
空重	18400 千克
最高速度	2300 千米 / 时
相关简介	

实战性能

苏-33战斗机的机身结构与苏-27战斗机基本相同，都由前机身、中央翼和后机身组成。该机增大了主翼面积，为了满足舰载机采用拦阻方式着舰时所需要承受的5G纵向过载，并对机身主要承力结构进行了大幅加强。前起落架支柱直接与机身主承力结构连接，加强了前起落架的结构强度，并且改用了双前轮。主起落架直接连接在机身侧面的尾梁上，通过加强的结构和液压减振系统，使主起落架可以承受在舰上拦阻着陆时6~7米/秒的下沉率。为了避免飞离甲板的瞬间机身过重而翻覆，起飞时不能满载弹药和油料，这也成为苏-33战斗机的致命缺陷。

趣味小知识

　　2016年12月3日，据俄罗斯国防部透露，俄罗斯海军一架苏-33战斗机在着舰时，因阻拦索突发故障，战斗机意外坠入海中，飞行员成功逃生。

俄罗斯苏 –35 "侧卫 E" 战斗机

苏 –35 战斗机是苏霍伊设计局研制的一款双发单座多用途重型战斗机，北约代号为"侧卫 E"（Flanker-E）。

研发历史

20 世纪 80 年代初期，苏 –27S 战斗机刚刚问世，苏霍设计局就开始了大改苏 –27 战斗机的构想，也就是后来的苏 –27M 计划，要将苏 –27 战斗机改为先进的多用途战斗机。1988 年 6 月，苏 –27M 战斗机首次试飞。1992 年 9 月，新机被更名为苏 –35 战斗机。2014 年，俄罗斯空军开始少量装备苏 –35 战斗机。

基本参数	
机身长度	22.2 米
机身高度	6.43 米
翼展	15.15 米
空重	17500 千克
最高速度	2450 千米 / 时
相关简介	

机体设计

苏 –35 战斗机的外形非常简洁，大部分天线、传感器都改为隐藏式。机头增长增厚，以安装更大的雷达及更多的航空电子设备，侧面看上去下倾角度比苏 –27 战斗机更大。垂直尾翼加大，以得到更好的偏航稳定性能。此外，垂尾及其方向舵的形状也略微改变，在垂尾顶端，由苏 –27 战斗机的下切改成平直，是苏 –35 战斗机的重要识别特征。

▌▌▌★▷ 实战性能

苏-35战斗机安装有1门30毫米Gsh-301机炮，机身和机翼下共有12个外挂点，如果使用多用途挂架可有14个外挂点。所有外挂点的最大挂载量为8000千克，正常空战挂载量则为1400千克。理论上，苏-35战斗机能发射所有俄制精确制导武器，如R-27空对空导弹、R-73空对空导弹、R-77空对空导弹、Kh-29反舰导弹、Kh-59巡航导弹、Kh-31反辐射导弹，以及KAB-500、KAB-1500系列制导炸弹等。

驾驶舱外部特写

尾翼特写

▷ 趣味小知识

苏-35战斗机装备了"探管-锥套"空中受油系统，探管从机头左侧伸出，加油速度为每分钟1100升。

俄罗斯苏 –57 战斗机

苏 –57 战斗机是俄罗斯在"未来战术空军战斗复合体"(PAK FA)计划下研制的第五代战斗机,计划于 2019 年开始服役。

研发历史

2002 年,苏霍伊设计局在融合苏 –47 和米格 –1.44 这两款战机的技术后,制造出了 T–50 战斗机。T–50 战斗机的研制计划比美国 F–22 战斗机还早两年,但由于经费紧缺,其首次试飞时间(2010 年 1 月 29 日)足足落后了 13 年。到 2015 年秋季,T–50 战斗机的 5 架原型机完成了 700 架次试飞,其中多架原型机都经历了长时间的维修。2017 年 8 月,T–50 战斗机被正式命名为苏 –57 战斗机。

基本参数	
机身长度	19.8 米
机身高度	4.8 米
翼展	14 米
空重	17500 千克
最高速度	2600 千米 / 时
相关简介	

机体设计

苏 –57 战斗机大量采用复合材料,其比重约占机身总重量的 1/4,覆盖了机身 70% 的表面面积,钛合金占苏 –57 机体重量的 3/4。该机的机鼻雷达罩在前部稍微变平,底边为水平。为了降低机身雷达反射截面积及气动阻力,苏 –57 战斗机的两个内置武器舱以前后配置，置于机身中轴的两个发动机舱之间，长度约 5 米。驾驶舱的设计着重于提高飞行员的驾驶舒适性，并配备了新型弹射椅和维生系统。

尾翼特写

|||||★ 实战性能

苏 -57 战斗机采用优异的气动布局，雷达、光学及红外线特征都比较小。从飞机的整体布局来看，苏 -57 战斗机的机身扁平，显然延续了苏 -27 战斗机的升力设计。加上机翼面积较大，翼载荷较低，因此苏 -57 战斗机具备较大的升力系数。另外，其机翼前缘后掠角大于 F-22 战斗机，这显示苏 -57 战斗机更重视高速飞行和超音速拦截能力。该机装有 1 门 30 毫米

驾驶舱外部特写

GSh-301 机炮，并拥有至少 2 个大型武器舱，主要用于装载远程空对空导弹和中程空对空导弹，也可装载空对地导弹和制导炸弹。

趣味小知识

苏 -57 战斗机的第一阶段测试于 2017 年 12 月结束，随后开始第二阶段测试，按计划于 2019 年开始小批量生产。俄罗斯计划将于 2025 年用苏 -57 战斗机全部替换老旧的米格 -29 和苏 -27 战斗机。

英国"喷火"战斗机

"喷火"（Spitfire）战斗机是二战时期英国超级马林公司研制的一款单发活塞式战斗机，一共制造了 20351 架。

基本参数	
机身长度	9.1 米
机身高度	3.9 米
翼展	11.2 米
空重	2300 千克
最高速度	602 千米 / 时
相关简介	

研发历史

"喷火"战斗机是英国超级马林公司设计师雷金纳德·米切尔以 S 系列竞速飞机为基础，按照英国空军的战术、技术要求于二战之前设计的活塞式战斗机。该机于 1936 年 3 月首次试飞，1938 年 8 月正式服役。整个二战期间，"喷火"战斗机始终战斗在最前线。它参加过无数次重要战役，建立了不朽功绩。该机还曾出口或转让生产，成为不少国家的主战机种，直到 20 世纪 60 年代初才退役。

实战性能

"喷火"战斗机采用的新技术包括单翼结构、全金属承力蒙皮、铆接机身、可收放起落架、变矩螺旋桨和襟翼装置等。该机采用了大功率活塞式发动机和良好的气动外形。与同期德国主力机种 Bf 109E 战斗机相比，"喷火"战斗机除航程和装甲等略有不及外，在最大飞行速度、火力，尤其是机动性方面均略胜一筹。"喷火"战斗机一般装备 8 挺 7.62 毫米机枪，或 2 门 20 毫米希斯潘诺机炮加 4 挺 7.62 毫米机枪，还可携带 250 千克炸弹。

趣味小知识

1938 年 8 月，欧洲战争爆发，英国空军已有 957 架"喷火"战斗机在 11 个飞行大队中服役，是当时盟军中唯一能与德军 Bf 109 战斗机对抗的机种。

英国"流星"战斗机

"流星"（Meteor）战斗机是二战时期英国格罗斯特公司研制的一款喷气式战斗机，一共制造了3947架。

基本参数	
机身长度	13.59米
机身高度	3.96米
翼展	11.32米
空重	4846千克
最高速度	965千米/时
相关简介	

研发历史

在英国喷气发动机先驱弗兰克·惠特尔爵士及其服务的喷气动力公司的全力支持下，"流星"战斗机得以采用涡轮喷气发动机。尽管在1936年发动机的研制工作已经开始，但飞机的研制工作直到1940年才开始。"流星"战斗机于1943年5月首次试飞，1944年7月在英国空军616中队正式服役。到二战结束时，英国空军已有16个中队装备了"流星"战斗机。

实战性能

"流星"战斗机在气动设计方面并不成熟，但却因作为英国首架喷气式战斗机而闻名。作为二战期间盟军部队唯一装备的喷气式战斗机，"流星"战斗机立下了赫赫战功。该机最初的作战任务并不是同德国的先进喷气式飞机进行空战，而是对付德国的V-1导弹。在此后的很长时间里，"流星"战斗机因其良好的机动性和操控性成为了最受英国空军喜爱的战机。

趣味小知识

1944年7月27日，3架巡逻中的"流星"战斗机遇见V-1导弹飞越海峡抵达英格兰。不过由于希斯潘诺机炮卡壳问题，直到8月4日才第一次击落V-1导弹，更有纪念意义的是，击落用的不是机炮，而是机翼翼尖。这种方法能够奏效是因为"流星"战斗机的速度能够和V-1导弹保持相对静止。

英国"吸血鬼"战斗机

"吸血鬼"（Vampire）战斗机是德·哈维兰公司研制的一款喷气式战斗机，一共制造了 3268 架。

研发历史

"吸血鬼"战斗机是英国继"流星"战斗机之后第二种进入可实用阶段的喷气式战斗机，1943 年 9 月首次试飞，1946 年开始服役。该机服役于冷战时期，服役时间长达 30 多年，使用国家达 20 多个。

实战性能

基本参数	
机身长度	9.37 米
机身高度	2.69 米
翼展	11.58 米
空重	3304 千克
最高速度	882 千米/时
相关简介	

"吸血鬼"战斗机的原型机是当时西方国家首款时速超过 805 千米的飞机。该机的发动机进气口与进气道开在左右机翼根部夹层内，前三点起落架可完全收入机内。这种煞费苦心的造型设计是为了使喷气管尽量缩短，减少排气损失。"吸血鬼"战斗机安装有 4 门 20 毫米希斯潘诺机炮，并可携带 2 枚 225 千克炸弹。

> **趣味小知识**
>
> 1954 年，埃及从意大利和英国取得了 49 架"吸血鬼"战斗机。1955 年，又订购了 12 架教练机型。在苏伊士运河危机中，埃及在与以色列交战过程中损失了 3 架"吸血鬼"战斗机。

英国"毒液"战斗机

"毒液"（Venom）战斗机是德·哈维兰公司研制的一款单发喷气式战斗机，一共制造了 1431 架。

基本参数	
机身长度	11.21 米
机身高度	2.59 米
翼展	12.8 米
空重	4000 千克
最高速度	950 千米 / 时
相关简介	

研发历史

1947 年 5 月，一架换装了"幽灵"发动机的"吸血鬼"测试机在试飞中打破了世界高度纪录，英国航空部受此鼓舞，资助德·哈维兰公司研制 DH.112 生产型。DH.112 一开始编号为"吸血鬼"FB.8，两架原型机都改装自"吸血鬼"FB.5，其中第一架于 1949 年 9 月首次试飞。由于"吸血鬼"FB.8 的改进幅度巨大，所以最后名字改成了"毒液"，脱离了"吸血鬼"家族。1952 年，"毒液"战斗机开始正式服役。

实战性能

作为"吸血鬼"战斗机的后继机型，"毒液"战斗机采用比前者更薄的机翼和推力更大的"幽灵"104 型涡喷发动机，其机翼在四分之一弦长处略微后掠，并装有翼尖油箱。该机的机鼻中安装有 4 门 20 毫米希斯潘诺 Mk 5 型机炮，翼下 2 个挂架最大可挂载 907 千克外挂物，包括火箭、炸弹和导弹等。

> **趣味小知识**
>
> "毒液"战斗机在服役初期饱受结构失效和发动机起火问题的困扰，并因此导致一些事故。事故中的人员伤亡暴露出了"毒液"战斗机的一个重大缺陷——没有弹射座椅，飞行员对此深恶痛绝。

英国"猎人"战斗机

"猎人"(Hunter)是霍克·西德利公司研制的一款单发高亚音速喷气战斗机，一共制造了 1972 架。

基本参数	
机身长度	14 米
机身高度	4.01 米
翼展	10.26 米
空重	6405 千克
最高速度	1150 千米 / 时
相关简介	

研发历史

"猎人"战斗机于 1951 年 7 月首次试飞，1954 年正式服役。该机不仅作为单座高机动性战斗机，也在服役期间经历的大大小小的冲突当中扮演了战斗轰炸机和侦察机的角色。直到 20 世纪 90 年代末，"猎人"战斗机的双座型号仍在英国空军和海军担任二线出击部队和教练机的角色。作为大量出口的机型，"猎人"战斗机曾在 20 多个国家的空军服役。2014 年，最后一架"猎人"战斗机从黎巴嫩空军退役，结束了其长达 50 年的服役周期。

实战性能

"猎人"战斗机有单座和双座机型，只安装了简单的测距雷达，不具备全天候作战能力，但可兼作对地攻击用。该机的武器为 4 门 30 毫米机炮，另有 4 个挂架，最大挂弹量为 1816 千克。

趣味小知识

1956 年，英国空军的第一个正式飞行表演队成立，全机的黑色涂装使其得到了"黑箭"之称，成立之初全部采用"猎人"战斗机，创下 22 架编队飞行的世界纪录。随后成立的"蓝钻"表演队也配有 16 架"猎人"战斗机。

英国"闪电"战斗机

"闪电"（Lightning）战斗机是英国电气公司研制的一款双发单座喷气式战斗机，一共制造了 337 架。

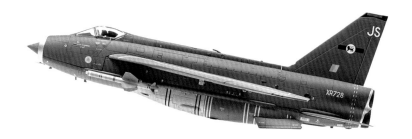

研发历史

"闪电"战斗机于 1954 年 8 月首次试飞，1959 年 12 月正式服役。该机作为英国电气公司设计的英国第一种服役的 2 马赫的战斗机，在 20 世纪 60 年代作为当时的一种"过渡性装备"开始进入英国空军服役，而且在战斗一线一待就是 20 多年，直到 1988 年才从一线战斗部队退役。

基本参数	
长度	16.8 米
机身高度	5.97 米
高度	10.6 米
空重	14092 千克
最高速度	2100 千米/时
相关简介	

实战性能

"闪电"战斗机最大的设计特点是在后机身内使 2 台"埃汶"发动机，其别出心裁地呈上下重叠安装。该机采用机头进气，在后来战斗机型的圆形进气口中央有一个内装火控雷达的固定式调节锥。"闪电"战斗机安装有 2 门 30 毫米机炮，机翼下的 2 个挂架可各挂载 1 枚 454 千克常规炸弹，或 2 部马特拉 155 型火箭发射巢，或 2 枚对地拍照时照明用的闪光弹。

趣味小知识

在海湾战争时，科威特空军的"闪电"战斗机还没有用于实战便被炸毁了。

英国"狂风"战斗机

"狂风"（Tornado）战斗机是由德国、英国和意大利联合研制的一款双发双座战斗机，按功能分成三种型号：IDS（对地攻击）、ADV（防空截击）、ECR（电子战/侦察）。

研发历史

1969年3月，英国、德国、意大利和荷兰合资成立了帕那维亚飞机公司，决定研发一种可以实施战术攻击、侦察、防空和海上攻击的新飞机。由于飞机开发计划过于复杂，荷兰在1969年7月退出了计划，而英国、德国和意大利仍继续研发新飞机。1970年，新飞机正式开始研制工作，1972年完成结构设计，1974年8月首次试飞，1974年9月被命名为"狂风"战斗机。

基本参数	
机身长度	16.72 米
机身高度	5.95 米
高度	13.91 米
空重	13890 千克
最高速度	2417 千米/时
相关简介	

机体设计

"狂风"战斗机采用全金属半硬壳结构的机体，机翼为可变后掠悬臂式上单翼，截面尺寸较大的机身具有很大的内部空间，在机身中段上方还有高强度的中央翼盒和转轴机构。机体结构以铝合金为主，部分采用了合金钢，在高受力的中央翼盒和机翼转轴部位应用了高强度的钛合金，复合材料应用范围不大，主要用在机翼的密封带和减速板上。为了提高对电子系统的维护和保养能力，机头的雷达天线罩可以向侧面打开，雷达天线也可以折转，前机身侧面设计有大开口以便对航空电子设备进行检测。

实战性能

"狂风"战斗机有多个型号，其武器也各不相同。该机的固定武器通常是1门27毫米毛瑟BK-27机炮，备弹180发。机身和机翼下的7个挂架可根据需要挂载各种导弹、炸弹和火箭弹等，包括AIM-9空对空导弹、AIM-132空对空导弹、AGM-65空对地导弹、"暴风影"空对面导弹、"铺路"系列制导炸弹、B61核弹等。"狂风"战斗机的机身设置有大量的检查口盖，全机开口率较高，可以方便在设施简单的野战机场对飞机进行地面维护和保养。

驾驶舱外部特写

发动机尾喷口特写

趣味小知识

在海湾战争中，多国部队一共有128架"狂风"战斗机参战。其中，对地攻击型86架，分别为英国48架、意大利8架、沙特阿拉伯30架，主要任务是攻击伊拉克的重要纵深目标；防空截击型42架，分别为英国18架、沙特阿拉伯24架，其主要作为制空战斗机。

英国"台风"战斗机

"台风"（Typhoon）战斗机是英国、德国、意大利和西班牙联合研制的一款双发多用途战斗机。

研发历史

1983年，英国、法国、德国、意大利和西班牙五国开始了"未来欧洲战机"计划。因意见不合，法国转而发展自己的"阵风"战斗机。1994年，"台风"战斗机第一架原型机试飞。于2003年，"台风"战斗机正式开始服役。

基本参数	
机身长度	15.96 米
机身高度	5.28 米
高度	10.95 米
空重	11150 千克
最高速度	2124 千米 / 时
相关简介	

机体设计

"台风"战斗机采用鸭式三角翼无尾式布局，矩形进气口位于机身下。这一布局使得其具有优秀的机动性，但隐身能力则相应被削弱。该机大量采用碳素纤维复合材料、玻璃纤维增强塑料、铝锂合金、钛合金和铝合金等材料制造，复合材料占全机比例约40%。"台风"战斗机的动力装置为2台欧洲喷气涡轮公司的EJ200涡扇发动机，性能非常出色。

实战性能

"台风"战斗机不仅空战能力较强，还拥有不错的对地作战能力，可使用各种精确对地攻击武器。与同级战机相比，"台风"战斗机驾驶舱的人机界面高度智能化，可以有效减少飞行员的工作量，提高作战效能。该机安装有1门27毫米BK-27机炮，13个外挂点可以挂载9000千克武器，包括AIM-9"响尾蛇"导弹、AIM-120导弹、AIM-132导弹、ALARM导弹、"金牛座"导弹、"铺路"系列制导炸弹等。

头部特写

发动机尾喷口特写

趣味小知识

　　与其他现代战机相比，"台风"战斗机最独特之处是有4条不同公司的生产线，其各自专精生产一部分零件供所有飞机，最后再负责组装自己所在国的最终成品飞机。

法国"暴风雨"战斗机

"暴风雨"（Ouragan）战斗机是达索公司在二战后研制的第一款喷气式战斗机，一共制造了 567 架。

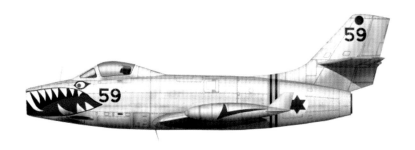

研发历史

"暴风雨"战斗机是二战后重建的达索公司的第一款喷气式战机，因法国当时没有国产发动机，所以选用了英国发动机。该机于 1949 年 2 月首次试飞，1952 年正式服役，一直服役至 20 世纪 80 年代。尽管这种形似美国 F-84 战斗机的飞机只生产了 567 架，但却在多场实战中取得了不俗战果。

基本参数	
机身长度	10.73 米
机身高度	4.14 米
翼展	13.16 米
空重	4140 千克
最高速度	940 千米 / 时
相关简介	

实战性能

作为达索公司的第一款喷气式战斗机，虽然"暴风雨"战斗机看上去还很简陋，但这种飞机使达索公司积累了设计喷气式战斗机的经验，尤其是飞机与发动机的匹配问题。从外观上看，"暴风雨"战斗机是典型的第一代喷气式战斗机：纺锤形机体、机头进气、平直下单翼、单垂尾。该机是一种更擅长对地作战的飞机，机身非常坚固，实战性能非常出色。

趣味小知识

达索公司是法国的一家飞机制造商，也是世界上主要军用飞机制造商之一，具有独立研制军用和民用飞机的能力。截至 2019 年，达索公司总共生产了各型飞机 650 余种。

法国"神秘"战斗机

"神秘"战斗机是达索公司研制的一款单座单发喷气式战斗机，一共制造了171架。

研发历史

1950年2月，达索公司与法国政府签订合同，开始研发"神秘"战斗机。1950年年底生产原型机，1951年2月首次试飞，同年8月在俯冲飞行时超过音速。该机的生产持续到1957年，1963年从法国军队退役。

基本参数	
机身长度	11.7 米
机身高度	4.26 米
翼展	13.1 米
空重	5225 千克
最高速度	1060 千米/时
相关简介	

实战性能

"神秘"战斗机沿用了"暴风雨"战斗机的机身，但是为了安装机翼，中部做了一些改动，机翼的后掠角从"暴风雨"战斗机的14°增大到30°，机翼的相对厚度也要比原来的小。达索公司通过逐步完善性能和发展出各种用途，"神秘"战斗机衍生出了多种型号，以满足不同的作战要求。以昼间用的战斗轰炸机改型"神秘"Ⅳ A为例，其机头下安装2门30毫米机炮，翼下4个挂架可挂4枚225千克炸弹或4部19孔37毫米火箭发射巢或副油箱。

趣味小知识

1954年8月23日，以色列与法国签订了购买6架"神秘"战斗机和一架"诺拉特拉斯"运输机的合同。"神秘"战斗机每架价值27.142万美元，合同总值187.2798万美元，含24.4278万美元的备件费用。

法国"超神秘"战斗机

"超神秘"战斗机是达索公司研制的一款超音速战斗机,共制造了 180 架。

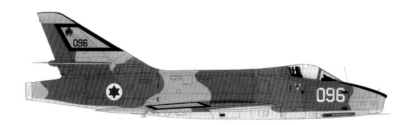

研发历史

"超神秘"战斗机于 1955 年 3 月首次试飞,次年开始批量生产。达索公司为法国空军生产了 144 架"超神秘"战斗机,1957 年开始交付。1958 年,以色列也购买了 36 架。1977 年,18 架换装了发动机的"超神秘"战斗机出口到洪都拉斯,在 1989 年成为最后一批退役的"超神秘"战斗机。

基本参数	
机身长度	14.13 米
机身高度	4.6 米
翼展	10.51 米
空重	6390 千克
最高速度	1195 千米 / 时
相关简介	

实战性能

"超神秘"战斗机在气动外形上借鉴了美国 F-100"超佩刀"战斗机,虽然和"神秘"Ⅱ型很相似,实际上是一架全新的战斗机。在安装了带加力燃烧室的"阿塔"101 涡喷发动机后,"超神秘"战斗机成为西欧各国空军中第一种平飞速度超过音速的战斗机。该机安装有 1 门双联德发 551 型 30 毫米机炮,翼下可选挂 907 千克火箭弹或炸弹。

趣味小知识

以色列的"超神秘"战斗机曾经参加过六日战争和赎罪日战争,深受以色列飞行员的喜爱。"超神秘"战斗机在面对其他国家的米格-19 战斗机时毫不逊色。

法国"幻影Ⅲ"战斗机

"幻影Ⅲ"（Mirage Ⅲ）战斗机是法国达索公司研制的一款单发单座战斗机，一共制造了 1422 架。

研发历史

20 世纪 50 年代初，世界各主要空军强国已经进入喷气式时代，法国空军迫切希望能装备一种国产战斗机。为此，法国政府要求国内航空企业研制一种全天候的轻型拦截机。达索公司参与投标的机型为"神秘 – 三角 550"，该机经改进后定名为"幻影Ⅲ"战斗机。原型机于 1956 年 11 月首次试飞，生产型于 1958 年 5 月首次试飞，并于 1958 年 10 月第 35 次试飞时达到 2 马赫的速度，成为第一架速度达 2 马赫的欧洲战斗机。1961 年，"幻影Ⅲ"战斗机进入法国空军服役。除法国外，"幻影Ⅲ"战斗机还出口到阿根廷、巴西、埃及、以色列、南非和瑞士等国。

基本参数	
机身长度	15 米
机身高度	4.5 米
高度	8.22 米
空重	7050 千克
最高速度	2350 千米 / 时
相关简介	

机体设计

"幻影Ⅲ"战斗机采用后掠角 60°的三角形机翼，取消了平尾。尖锐的机头罩内安装有搜索截击雷达天线，机身采用"面积律"设计，进气口采用机身侧面形式，为半圆形带锥体。机翼安装有锥形扭转盒，靠近机翼前缘处有铰接在上下翼面上的小型扰流片。"幻影Ⅲ"战斗机采用可收放式前三点起落架，主轮和前轮均为单轮。座舱盖以铰链形式连接，向后打开，座舱内安装有马丁·贝克公司的弹射座椅。

实战性能

　　"幻影Ⅲ"战斗机最初被设计成截击机，之后发展成兼具对地攻击和高空侦察能力的多用途战机。该机的固定武器为2门30毫米机炮，另有7个外挂点，可挂载空对空导弹、空对地导弹、空对舰导弹或炸弹等武器。与同时期其他速度达到2马赫的战斗机相比，"幻影Ⅲ"战斗机具有操作简单、维护方便的优点。

机鼻部位特写

驾驶舱外部特写

趣味小知识

　　达索公司认为，战斗机在高强度的空战中可靠性将是影响实战性能的最大因素，为此"幻影Ⅲ"战斗机的空调系统和液压系统均采用双套备用系统。

法国"幻影F1"战斗机

"幻影F1"（Mirage F1）战斗机是达索公司研制的一款主要用于争夺空中优势的喷气式战斗机，一共制造了720架。

驾驶舱外部特写

起落架特写

基本参数	
机身长度	15.3 米
机身高度	4.5 米
高度	8.4 米
空重	7400 千克
最高速度	3300 千米 / 时
相关简介	

研发历史

"幻影F1"战斗机是基于"幻影Ⅲ"战斗机的改良型，1966年12月23日首次试飞，1969年法国空军与达索公司签订了批量生产的订单。1970年，"幻影F1"战斗机加入法国空军服役。20世纪60年代至80年代，"幻影F1"战斗机获得了不少阿拉伯国家空军的青睐。

实战性能

"幻影F1"战斗机的机载武器包括2门30毫米机炮，其翼尖可携带2枚"魔术"红外制导空对空导弹，翼下的4个挂架可挂载R530空对空导弹。在执行对地攻击任务时，可在翼下的4个挂架和机身挂架上挂载各种常规炸弹、火箭发射器和1200升的副油箱。此外，"幻影F1"战斗机还具备空中加油能力。

趣味小知识

1980至1988年的两伊战争，"幻影F1"战斗机是伊拉克空军战机中最新的型号，与伊朗空军的F-14战斗机有过多次交锋。

法国 "幻影 2000" 战斗机

"幻影 2000" (Mirage 2000) 战斗机是达索公司研制的一款单发轻型多用途战斗机,一共制造了 601 架。

研发历史

从 20 世纪 70 年代开始,达索公司就在研究轻型、简单战斗机的方案,所以法国政府提出了研制新型"幻影"战斗机的要求时,达索公司立即拿出了设计方案,并很快获得了政府的批准和投资。新型"幻影"战斗机由"幻影 III"战斗机改良而来,第一架原型机于 1978 年 3 月首次试飞,1982年 11 月开始在法国空军服役,被命名为"幻影 2000"战斗机。除法国外,该机还先后被埃及、希腊、印度、秘鲁、卡塔尔、巴西和阿拉伯联合酋长国采用。

基本参数	
机身长度	14.36 米
机身高度	5.2 米
高度	9.13 米
空重	16350 千克
最高速度	2530 千米 / 时
相关简介	

机体设计

"幻影 2000"战斗机采用的三角形机翼布局是比较理想的展弦比小的气动方案,有利于减小弯矩。翼根处的绝对厚度大,不仅利于减轻机翼结构重量,便于制造,而且强度较高。三角形机翼的可用容积大,便于装载燃油、起落架及各种设备。为了解决三角形机翼起飞着陆性能不佳、滑跑距离长等问题,"幻影 2000"战斗机采用了放宽静稳定度的方案,即其气动压力中心靠近飞机的重心,使飞机在一定条件下会处于不稳定状态,并采用电传操纵来解决这种新方案的操纵问题。

实战性能

"幻影 2000"战斗机可执行全天候全高度全方位远程拦截任务，全机共有 9 个外挂点，其中 5 个在机身下方，4 个在机翼下方。单座型号还装有 2 门 30 毫米"德发"机炮，每门备弹 125 发。"幻影 2000"战斗机的动力装置为 1 台斯奈克玛 M53 单轴式涡轮风扇发动机，其结构简单，易于维护。由于 M53 发动机的推重比不高、推力不足，所以"幻影 2000"战斗机的水平加速性能和爬升性能并不突出，但其低速性能较为出色。

头部特写

驾驶舱内部特写

趣味小知识

　　为了减轻结构重量，"幻影 2000"战斗机广泛采用了碳纤维、硼纤维等复合材料，复合材料的重量占飞机总重 7% 左右。

法国"幻影 4000"战斗机

"幻影 4000"（Mirage 4000）战斗机是达索公司研制的一款双发重型战斗机，仅制造了一架原型机，并没有进入量产。

头部特写

发动机尾喷口特写

研发历史

"幻影 4000"战斗机的原型机于 1979 年 3 月首次试飞，在试飞期间，该机显示出来的性能完全能与美国 F-15 战斗机匹敌。但由于采购单价太高、政府订购不足、出口不利等原因，使得"幻影 4000"战斗机计划破灭，其原型机最终于 1995 年运往巴黎，成为勒布尔歇博物馆的永久展品。

基本参数	
机身长度	18.7 米
机身高度	5.8 米
翼展	12 米
空重	13000 千克
最高速度	2445 千米 / 时
相关简介	

实战性能

"幻影 4000"战斗机和"幻影 2000"战斗机使用相同的发动机和武器系统，但与后者相比，它的全长增加了 20%，翼展增加 33%，翼面积增加 80%，最大起飞重量更从 17.5 吨增加到 32 吨，是一款标准的重型制空战斗机。除了双发和单发的区别外，"幻影 4000"战斗机还在进气道两侧增加了 1 对固定式前翼而非"幻影 2000"战斗机的小型条板翼，它们可以有效改善高迎角条件下的气流并使飞机获得更大的机动性。

> **趣味小知识**
>
> "幻影 4000"战斗机是世界上第一架采用全复合材料、内置油箱垂尾的战斗机。其垂尾由碳纤维复合材料制成，有内藏油箱，加上机身和机翼内的油箱，"幻影 4000"战斗机的燃油携带量是"幻影 2000"战斗机的 3 倍。加上其具备空中加油能力，作战半径比其他"幻影"家族的飞机都要大得多。

法国"阵风"战斗机

　　"阵风"战斗机是达索公司研制的一款双发多用途战机，主要使用者为法国空军和法国海军，此外还出口到埃及、印度和卡塔尔等国。

研发历史

　　20世纪70年代，法国空军及海军开始寻求新战机。为节约成本，法国尝试加入欧洲战机计划，与其他国家共同研发，但因对战机功能要求差别过大，最终法国决定独资研发，其成果就是"阵风"战斗机。1986年7月，"阵风"战斗机的原型机首次试飞。2000年12月4日，"阵风"战斗机正式服役。原本法国队计划采购292架"阵风"战斗机，其中空军232架、海军60架。但因各种原因最终缩小了采购规模。2015年，"阵风"战斗机取得了来自埃及（24架）与印度（36架）的订单。此外，卡塔尔也计划购买24架"阵风"战斗机。

基本参数	
机身长度	15.27米
机身高度	5.34米
翼展	10.8米
空重	9500千克
最高速度	2130千米/时
相关简介	

机体设计

　　"阵风"战斗机采用三角形机翼，加上近耦合前翼（主动整合式前翼），以及先天不稳定气动布局，以达到高机动性，同时保持飞行稳定性。机身为半硬壳式，前半部分主要使用铝合金制造，后半部分则大量使用碳纤维复合材料。该机的进气道位于下机身两侧，可有效改善进入发动机进气道的气流，从而提高大迎角时的进气效率。起落架为前三点式，可液压收放在机体内部。

实战性能

　　"阵风"战斗机共有14个外挂点（海军型为13个），其中5个用于加挂副油箱和重型武器，总外挂能力在9000千克以上，所有型号的"阵风"战斗机都有1门30毫米机炮，最大射速为2500发/分。"阵风"战斗机有着非常出色的低速可控性，降落速度可低至213千米/时，这对航空母舰起降非常重要。

头部特写

发动机尾喷口特写

趣味小知识

　　2009年，法国空军的"阵风"战斗机、英国空军的"台风"战斗机、美国空军的F-22"猛禽"战斗机均参加了在阿拉伯联合酋长国举行的军事演习。法国宣称"阵风"战斗机在空战演习中以7：1大比数击败英国空军的"台风"战斗机，英国方面则称此次演习结果不具代表性。

德国 Bf 109 战斗机

Bf 109 战斗机是梅塞施密特公司研制的一款单座单发单翼全金属活塞式战斗机，一共制造了 33984 架。

基本参数	
机身长度	8.95 米
机身高度	2.6 米
翼展	9.925 米
空重	2247 千克
最高速度	640 千米 / 时
相关简介	

研发历史

20 世纪 30 年代，德国为实现扩张计划，开始大力扩建空军。1934 年，德国空军发出招标，要求研制一种接替 He 51 双翼机的新一代战斗机，之后亨克尔公司的 He 112、阿拉道公司的 Ar 80、福克 – 沃尔夫公司的 Fw 159 以及巴伐利亚飞机厂（该厂首字母简称 Bf）主任设计师威廉•梅塞施密特设计的 Bf 109 参与了竞标。最终 Bf-109 战胜其他竞争对手，被选中担任空军主力战斗机，成为此后十年间德国空军最重要的主力战斗机。

实战性能

作为德国在二战期间的主力战斗机，Bf 109 战斗机采用了当时最先进的空气动力学外形和可收放的起落架、可闭合的座舱盖、下单翼、自动襟翼等。该机的射击武器安装在机头上部和机翼前缘，后期型机炮放置在桨毂罩中，一般配备 2 门机炮和 2 挺机枪（后期型为 1 门机炮和 2 挺机枪，并可带吊舱）。

趣味小知识

1938 年 7 月，德国政府为表彰设计师威廉•梅塞施密特，将他所设计的飞机改为以梅塞施密特的开头缩写 Me 来命名。因此以 1938 年为准，在此之前设计的机种，无论生产到哪一年，飞机正式称呼都是以 Bf 开头，在此之后设计的飞机则使用 Me 开头的编号。

德国 Me 262 战斗机

Me 262 战斗机是梅赛施密特公司研制的人类航空史上第一款用于实战的喷气式战斗机，一共制造了 1430 架。

研发历史

Me 262 战斗机活塞发动机机型于 1941 年 4 月首飞，使用喷气发动机的原型机则于 1942 年 7 月首次试飞。1944 年 6 月底，Me 262 战斗机开始进入德国空军服役。虽然燃料的缺乏使得 Me 262 战斗机未能完全发挥其性能优势，但其采用的诸多革命性设计对战后战斗机的发展产生了重大影响。

基本参数	
机身长度	10.6 米
机身高度	3.5 米
高度	12.51 米
空重	3800 千克
最高速度	870 千米 / 时
相关简介	

实战性能

Me 262 战斗机是一种全金属半硬壳结构轻型飞机，流线型机身有一个三角形的断面，机头集中安装了 4 门 30 毫米 MK 108 机炮和照相机。近三角形的尾翼呈十字相交于尾部，2 台轴流式涡轮喷气发动机的短舱直接安装在后掠的下单翼的下方，前三点起落架可收入机内。

> **趣味小知识**
>
> Me 262 战斗机代表着世界战斗机的发展方向，但它并没有成熟到可以作为一种能扭转战局的武器的程度。飞机制造技术上的不成熟，工厂遭轰炸毁坏，大量有经验的飞行员阵亡、作战物资的匮乏、本土制空权的丧失等，极大地制约了 Me 262 战斗机发挥其作战性能。

意大利 G.91 战斗机

G.91战斗机是菲亚特公司应北约组织要求所研制的一款轻型战斗机，一共制造了770架。

基本参数	
机身长度	10.3 米
机身高度	4 米
翼展	8.58 米
空重	3100 千克
最高速度	1075 千米 / 时
相关简介	

驾驶舱内部特写　　　　驾驶舱外部特写

研发历史

1954 年，北约组织进行"轻型战斗 / 攻击机"招标，后来在"蚊"式、"军旗Ⅳ"等机型中选中了菲亚特公司的 G.91 战斗机。1955 年 6 月，菲亚特公司与北约组织签订 3 架原型机制造合同。1956 年 8 月，G.91 战斗机第一架原型机首次试飞。1958 年 2 月生产型 G.91 战斗机试飞。1959 年 2 月，首批生产型 G.91 战斗机进入意大利空军服役。

实战性能

G.91 战斗机主要用于近距对地支援和执行浅纵深遮断任务，具有结构简单、易于操作维护、成本低廉等特点。该机可以在简易的前线机场起降。该机的机载武器为机头的 4 挺 12.7 毫米勃朗宁 M2 重机枪，另可挂载 680 千克炸弹等各种空用武器。德国使用的机型将 4 挺重机枪换成了 2 门 30 毫米机炮。

趣味小知识

G.91 战斗机的外表酷似美制 F-86D 战斗机，机动性能出色且维修方便，可执行空战和轰炸等任务，意大利空军"三色箭"飞行表演队曾使用过 G.91 战斗机作为表演机。

瑞典 JAS 39 "鹰狮" 战斗机

　　JAS 39 "鹰狮"（JAS 39 Gripen）战斗机是萨博公司研制的一款单座全天候战斗机，"JAS"是瑞典语中"对空战斗""对地攻击"和"侦察"的缩写。

研发历史

　　JAS 39 战斗机的研发历史最早可以追溯到 1980 年，当时它作为 SAAB 37 的后继机型开始研发。据当时瑞典情报部门预测，在 JAS 39 战斗机的服役过程中，俄罗斯的苏 -27 战斗机是它可能遇到的最大的威胁。由于苏联距瑞典的最近点只有 200 千米，所以 JAS 39 战斗机没有必要设计成为一种大型的双发飞机。1988 年 12 月，JAS 39 战斗机的试验机完成首次试飞，之后因操控系统缺陷导致生产计划大幅延迟。1997 年 11 月，JAS 39 战斗机正式服役。

基本参数	
机身长度	14.1 米
机身高度	4.5 米
翼展	8.4 米
空重	6620 千克
最高速度	2204 千米 / 时
相关简介	

机体设计

　　JAS 39 战斗机采用鸭翼（前翼）与三角形机翼组合而成的近距耦合鸭式布局，机身广泛采用复合材料。三角形机翼带有前缘襟翼和锯齿，全动前翼位于矩形涵道的两侧，没有水平尾翼。机翼和前翼的前缘后掠角分别为45°和43°。座舱盖为水滴形，单片式曲面风挡玻璃。座椅向后倾斜 28°，类似美国 F-16 战斗机。可收放前三点式的主起落架为单轮式，向前收入机舱。可转向前起落架为双轮式，向后旋转 90°平放入机身下部。

实战性能

　　JAS 39 战斗机优秀的气动性能使其能在所有高度上实现超音速飞行，并具备较强的短距起降能力。该机的固定武器为 1 门 27 毫米机炮，机身 7 个外挂点可以挂载 AIM-9 空对空导弹、"魔术"空对空导弹、AIM-120 空对空导弹、AGM-65 空对地导弹、GBU-12 制导炸弹、Bk 90 集束炸弹等武器。

驾驶舱外部特写

机鼻部位特写

趣味小知识

　　JAS 39 战斗机一直以低成本作为发展策略，JAS 39C/D 型的报价为 4000 万～6000 万美元，相对于其他三代半战斗机有明显价格优势。

以色列"幼狮"战斗机

"幼狮"（Kfir）战斗机是以色列航太工业有限公司研制的一款单座单发战斗机，一共制造了 220 架左右。

研发历史

20 世纪 60 年代末，法国为保持中立，对以色列实行武器禁运政策。由于以色列空军得不到新飞机的补充，以色列决定依靠自己的力量制造"幻影"战斗机的零部件，并以此为基础研制出了新的"幼狮"战斗机。该机于 1973 年首次试飞，1976 年正式服役。

实战性能

基本参数	
机身长度	15.65 米
机身高度	4.55 米
翼展	8.22 米
空重	7285 千克
最高速度	2440 千米 / 时
相关简介	

"幼狮"战斗机的机身采用全金属半硬壳结构，机头锥使用以色列国产的复合材料制成。"幼狮"C2 型在机头锥靠近尖端的两侧各装有一小块水平边条，可以有效改善偏航时的机动性能和大迎角时机头上的气流。前机身下的前轮舱的前方装有超高频天线。在 C2 型的后期生产批次中，其改用了性能更加先进的 EL/M-2001B 雷达，因此机头加长，前翼加大，主翼前襟翼的翼展增加 40%。

> 趣味小知识
>
> 1967 年，以色列在与阿拉伯邻国的"六日战争"（第三次中东战争）中大获全胜，但战争的胜利反而给其空军发展带来了严重的不利影响。法国在战前就宣布对中东实施武器禁运政策，美国国务院也停止了与中东的武器交易。

日本"零"式战斗机

"零"式（Zero）战斗机是三菱重工研制的一款单座单发平直翼活塞式舰载战斗机，也是日本在二战期间装备的主力舰载战斗机，一共制造了 10939 架。

研发历史

"零"式战斗机是日本有史以来产量最大的战斗机，由三菱重工设计，主要研发人为该公司的设计主任堀越二郎，并由三菱重工与中岛飞机公司两家共同生产。该机于 1939 年 4 月首次试飞，1940 年 7 月正式服役。

实战性能

"零"式战斗机代表了二战前日本航空工业的最高水平。该机曾经在二战初期产生所谓的"零"式战斗机神话，被视为不可能被击败的无敌战机，但后来其性能逐渐被美军服役的新式战机超越，到二战后期时已经沦为美军战斗机争相猎杀的目标。"零"式战斗机的主要优点包括：非常低的翼负荷，带来了优异的水平面回转能力；比同时期战机更高的航程；中高度是以下有良好的爬升率；火力较强的 20 毫米机炮。

基本参数	
机身长度	9.06 米
机身高度	3.05 米
翼展	12 米
空重	1680 千克
最高速度	660 千米 / 时
相关简介	

趣味小知识

1970 年，美日合拍以偷袭珍珠港为题材的电影《虎！虎！虎！》，当中的"零"式战斗机以美国 T-6"德州佬"教练机改造而来。

日本 F-1 战斗机

F-1 战斗机是三菱重工和富士重工共同设计及生产的一款超音速战斗机，共制造了 77 架。

研发历史

冷战时期，日本航空自卫队需要装备一种携带反舰导弹攻击水面舰艇的战斗机，于是三菱重工和富士重工以 T-2 教练机为基础研制出了 F-1 战斗机。日本原定生产 126 架 F-1 战斗机，但后来因石油危机而导致经费不足，所以减少了将近一半的采购量。F-1 战斗机于 1975 年 6 月首次试飞，1977 年 9 月正式服役。

基本参数	
机身长度	17.85 米
机身高度	4.45 米
翼展	7.88 米
空重	6358 千克
最高速度	1700 千米 / 时
相关简介	

实战性能

F-1 战斗机安装有 1 门 20 毫米 JM61A1 机炮，共有 5 个外挂点，可挂载副油箱、炸弹、火箭、导弹等，总载弹量为 2710 千克。该机的作战任务为携带 2 枚 ASM-1 反舰导弹及 1 个 830 千克副油箱，以高－低－低－高剖面进行反舰任务，作战半径为 550 千米。如使用低－低剖面，作战半径将减少为 370 千米。所有任务中，通常在翼尖挂架上挂载 2 枚 AIM-9 导弹。

趣味小知识

F-1 战斗机是第一架由日本自行生产制造的超音速战斗机，因此别称为"超音速零战"。所有 F-1 战斗机于 2006 年 3 月全部退役，其服役期间从未执行过实战任务。

日本 F-2 战斗机

F-2 战斗机是日本航空自卫队现役的主要战斗机型号之一，也是接替 F-1 战斗机任务的后继机种，有"平成零战"之称。

研发历史

1987 年 11 月，日本和美国签订协议，由日本政府出资，以美国 F-16 战斗机为样本，共同研制一种适用于日本国土防空的新型战斗机。最初这种飞机被称为 FS-X，后来正式定名为 F-2 战斗机。1995 年 10 月，首批 4 架原型机开始试飞。F-2 战斗机原计划于 1999 年服役，但因试飞期间机翼出现断裂事故而推迟到 2000 年。

基本参数	
机身长度	15.52 米
机身高度	4.96 米
翼展	11.13 米
空重	9527 千克
最高速度	2469 千米/时
相关简介	

机体设计

F-2 战斗机是以美国 F-16C/D 战斗机为蓝本设计的战斗机，其动力设计、外形和武器等方面都吸取了后者的不少优点。不过，为了突出日本国土防空的特点，F-2 战斗机又进行了多处改进：加长了机身，重新设计了雷达罩，集成了先进的电子设备（包括主动相控阵雷达、任务计算机、惯性导航系统以及集成电子武器系统等），加长了座舱，增加了机翼面积并采用了单块复合材料结构，机翼前缘采用了雷达吸波材料，在机身和尾部应用了先进的复合材料和先进的结构技术，并加装了阻力伞。F-2 战斗机的机身截面基本与 F-16 战斗机相同，但为增加了内部容量，稍稍增加了机身中段长度。

实战性能

F-2 战斗机最初的主要任务为对地与反舰等航空支援任务,因此航空自卫队将其划分为支援战斗机。后期换装 J/APG-2 相控阵雷达之后,F-2 战斗机凭借先进的电子战系统和雷达,在空对空作战中也有不错的表现。该机安装有 1 门 20 毫米 JM61A1 机炮,位于左侧翼根,可携弹 512 发。此外,还可挂载8085 千克外挂武器,包括 AIM-7F/M"麻雀"中程空对空导弹、AIM-9L"响尾蛇"近程空对空导弹、

尾翼特写

AAM-3 近程空对空导弹、GCS-1 制导炸弹、自由落体通用炸弹、JLAU-3 多管火箭弹、RL-4 多管火箭弹、ASM-1 反舰导弹和 ASM-2 反舰导弹等。

驾驶舱外部特写

趣味小知识

2007 年 10 月 31 日,一架编号 43-8126 的 F-2 战斗机(2004 年服役)在日本爱知县名古屋机场进行飞行试验时起飞失败,飞机随后着火焚毁,两位飞行员成功跳伞,仅受轻伤。

印度"无敌"战斗机

"无敌"（Ajeet）战斗机是印度斯坦航空公司研制的一款单座战斗机，1977年开始服役，一共制造了89架。

基本参数	
机身长度	9.04 米
机身高度	2.46 米
翼展	6.73 米
空重	2307 千克
最高速度	1152 千米 / 时
相关简介	

研发历史

"无敌"生产型1号机于1976年9月10日试飞，到1982年3月共生产79架，另外还有10架"蚊蚋"F.1战斗机被改造成"无敌"战斗机。机长增加1.4米的"无敌"教练机也在1982年9月首次试飞，到1986年共生产30架。

实战性能

"无敌"战斗机由英国"蚊蚋"战斗机改进而来，两者虽然外形相同，但部件有40%不同。"无敌"战斗机的机重增加了136千克，也可以称为一种新的战斗机。该机强化了控制平尾的液压系统，增加主翼内的整体油箱并重新安排机身油箱，总容量达1350升，主翼下的4个挂架可全部挂载炸弹以增强对地攻击力，机体寿命由"蚊蚋"战斗机的5000小时增加到了8350小时。由于任务的变化，"无敌"战斗机的火控设备也全部更新了。

趣味小知识

"蚊蚋"战斗机是英国弗兰德公司研制的一款单座轻型战斗机，由于续航力差、对地攻击能力不足，英国空军没有将其列为制式战机。不过，印度和芬兰都进口了"蚊蚋"战斗机，这也为印度后来研制"无敌"战斗机打下了基础。

印度"光辉"战斗机

"光辉"战斗机是印度斯坦航空公司研发的一款轻型战斗机，开发项目源于印度的"轻型作战飞机"（Light Combat Aircraft，LCA）计划。

基本参数	
机身长度	13.2 米
机身高度	4.4 米
翼展	8.2 米
空重	6500 千克
最高速度	1920 千米 / 时
相关简介	

研发历史

20 世纪 80 年代初，巴基斯坦从美国获得了先进的 F-16 战斗机。为此，印度决心要研制一款全新的作战飞机，其在性能上全面超越 F-16 战斗机。1983 年，印度"轻型作战飞机"项目正式上马，后来该项目被正式命名为"光辉"。虽然包括发动机在内的关键部件都从国外引进，但受到印度国力及航空科技水平的限制，"光辉"战斗机的研制工作进展非常缓慢。直至 2001 年 1 月 4 日首架试验机升空，印度已耗资约 6.75 亿美元。2015 年 1 月，"光辉"战斗机正式服役，整个项目耗资超过 10 亿美元。

实战性能

"光辉"战斗机的气动外形经过广泛的风洞试验和复杂的计算分析，能够在确保战斗机轻盈小巧的同时，最大限度地减少操纵面，扩大外挂的选择性、增强近距缠斗的能力，同时继承了无尾三角翼优秀的短距起降能力。虽然这种气动外形在一定程度上牺牲了高速性能，但印度军方认为，现代空战强调的是高机动性以及超视距打击能力，没有必要追求更大的飞行速度。"光辉"战斗机安装有 1 门 23 毫米 GSh-23 机炮（备弹 220 发），8 个外部挂架可挂载 3500 千克导弹、炸弹或火箭弹等武器，也可挂载航空燃油、电子吊舱或侦察吊舱。

Chapter 03

攻 击 机

攻击机主要用于从低空、超低空突击敌方战术或浅近战役纵深内的目标，直接支援地面部队作战。攻击机具有良好的低空操纵性、安定性和良好的搜索地面上小目标的能力，可配备品种较多的对地攻击武器。

美国 A-1 "天袭者" 攻击机

A-1 "天袭者"（A-1 Skyraider）攻击机是道格拉斯公司研制的一款单座螺旋桨攻击机，一共制造了 3180 架，从 1946 年服役至 1985 年。

驾驶舱外部特写

发动机螺旋桨特写

研发历史

A-1 攻击机的原型机于 1945 年 1 月试飞，最初编号为 AD-1，此时二战已经基本结束，但 AD-1 攻击机由于性能可靠、体积较大，具有一定的改进余地，所以未被下马。该机的主要型号有 AD-1、AD-2、AD-3、AD-4，到 AD-5 时，美国三军统一了军用航空器编号，AD-5 被重新编号为 A-1E。后来又发展出了 EA-1E 预警型、A-1F 电子战型、A-1G 夜间攻击型，其中 A-1H 是产量最多的型号，作为全天候攻击机使用。

基本参数	
机身长度	11.84 米
机身高度	4.78 米
翼展	15.25 米
空重	5429 千克
最高速度	518 千米 / 时
相关简介	

实战性能

A-1 攻击机安装有 2 门 20 毫米 AN/M3 机炮，每门备弹 200 发。整架飞机共有 15 个挂架，理论上总挂载能力为 6622 千克，但由于外翼段挂架排列紧密，只能挂载小型武器，所以达不到极限挂载能力。出于航空母舰起飞的考虑，A-1 攻击机的总外挂物载荷被限制在 3629 千克。

趣味小知识

A-1 攻击机出自爱德华·海涅曼博士的精心设计，他是美国航空界的怪杰，自 1926 年出任道格拉斯公司的工程师以来，纵横世界航空科技近 40 年，其间美国海军、空军的著名攻击机多半出自他手。

美国 A-2 "野人" 攻击机

A-2 "野人"（A-2 Savage）攻击机是北美飞机公司研制的一款舰载攻击机，一共制造了 143 架，从 1950 年服役至 1960 年。

驾驶舱特写

发动机舱外部特写

研发历史

A-2 攻击机最初编号为 AJ-1，1950 年 8 月底在美国海军 "珊瑚海" 号航空母舰的甲板上起降成功。由于喷气式新机种陆续研发成功，AJ-1 系列仅少数服役美国海军。1962 年，美国海军分别授予 A-2A（AJ-1）及 A-2B（AJ-2/AJ-2P）两种统一的新编号。

实战性能

A-2 攻击机是 3 座 3 发混合动力舰载重型攻击机，采用上单翼型平直单翼设计，左右主翼自中段起可向上折叠，翼尖加装辅助油箱。A-2 攻击机没有安装防御性固定武器，机腹下有大型内藏闭合式弹仓，可搭载核武器，也可搭载常规深水炸弹、反潜火箭等武器装备。

基本参数	
机身长度	19.2 米
机身高度	6.2 米
翼展	21.8 米
空重	12500 千克
最高速度	758 千米 / 时
相关简介	

趣味小知识

1942 年 4 月 16 日，美国 16 架 B-25 轰炸机完成史无前例的远程突击东京等地的轰炸任务。1945 年 8 月，美军 B-29 轰炸机相继在广岛、长崎两地投下原子弹。这两件事给予美国海军当局极为深刻的影响及启示，自 1946 年 4 月起，选择了北美飞机公司的 XAJ-1（A-2 攻击机原型）三发混合动力大型舰载攻击机发展计划，尝试将核武器扩展至海上机动作战。

美国 A-3 "空中战士" 攻击机

A-3 "空中战士" (A-3 Skywarrior) 攻击机是道格拉斯公司研制的一款舰载攻击机,一共制造了 282 架, 从 1956 年服役至 1991 年。

折叠机翼特写驾驶舱特写

机轮收纳舱特写

研发历史

A-3 攻击机的原型机于 1952 年 10 月试飞成功, 翌年进入美国海军服役, 编号为 A3D-1。1954 年, 换装推力更大的 J57 涡轮喷气发动机的 A3D-2 交付使用。美国三军统一军用航空器编号之后, 重新编号为 A-3。如果从最初的研制目标来看, A-3 项目并不算成功, 但是超大的机体为它带来了持续的生命力, 美国海军在其基础上发展出 EA-3 电子战飞机、RA-3 侦察机、KA-3 空中加油机等多种改型。

基本参数	
机身长度	23.27 米
机身高度	6.95 米
翼展	22.1 米
空重	17876 千克
最高速度	982 千米 / 时
相关简介	

实战性能

A-3 攻击机使用结构极为坚实的上肩式后掠单翼, 以适应 2 台普惠 J57 涡轮喷气发动机的配置方式及长距离飞行的要求。该机装有 2 门 30 毫米 M3L 机炮, 并可携带 5800 千克炸弹。作为美国海军航空母舰上体积较大的作战飞机之一, A-3 攻击机可以投掷核弹。在美国海军 "北极星" 导弹核潜艇服役前, A-3 攻击机一直是美国海军核打击能力的主要力量。

趣味小知识

虽然 A-3 以攻击机 "A" 为编号, 但实际上已经具备轰炸机的性能。在 1952 年 10 月原型机升空试飞之前, 美国空军也要求加造改装的原型机, 日后衍生成为 B-66 战术轰炸机系列。

美国 A-4 "天鹰" 攻击机

A-4 "天鹰" 攻击机是道格拉斯公司研制的一款单发单座舰载攻击机，一共制造了 2960 架，在美国海军从 1956 年服役至 2003 年。

驾驶舱外部特写

火箭英舱特写

研发历史

1952 年 6 月，道格拉斯公司获得制造了一架原型机的合同，军方编号为 XA4D-1。1954 年 2 月，XA4D-1 正式下线，并获得了"天鹰"的绰号。1954 年 6 月，XA4D-1 在爱德华兹空军基地首次试飞。同年，首个生产型 A4D-1 开始生产，后改称 A-4A。此后，道格拉斯公司又相继研制了多种改进型。该机的主要用户为美国海军和美国海军陆战队，并出口到巴西、新加坡、阿根廷、以色列等国。

基本参数	
机身长度	12.22 米
机身高度	4.57 米
翼展	8.38 米
空重	4750 千克
最高速度	1083 千米/时
相关简介	

机体设计

A-4 攻击机采用下单翼布局，机翼为三角形机翼，由于翼展较短，所以就免去了机翼折叠机构，节省了不少重量并简化了结构。该机采用常规倒 T 形尾翼，平尾可以电动调整安装角，以便在飞行中调整配平。三角形机翼内部形成一个单体盒状结构，并安装有内部油箱。后段机身两侧各装有 1 片大型减速板。

实战性能

A-4 攻击机在执行攻击任务时，最大作战半径可达 530 千米。机头左侧带有空中受油设备，在进行空中加油之后，作战半径和航程都有较大提升。A-4 攻击机的机翼根部下侧装有 2 门 20 毫米 Mk 12 机炮，每门备弹 200 发。机身和机翼下共有 5 个外挂点，可挂载常规炸弹、火箭、空对地导弹和空对空导弹，最大载弹量 4150 千克。

美国 A-5 "民团团员" 攻击机

A-5 "民团团员"（A-5 Vigilante）攻击机是北美飞机公司研制的一款超音速攻击机，一共制造了 167 架，从 1961 年服役至 1979 年。

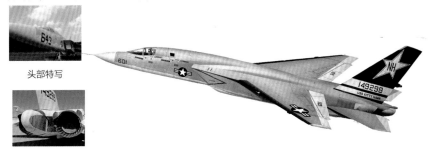

头部特写

发动机尾喷口特写

研发历史

A-5 攻击机的原型机于 1958 年首次试飞，1961 年开始交付部队使用，1970 年停止生产。由于低空性能较差，载弹方式也比较单一，适应不了局部战争的需要，因此 A-5 攻击机从 1964 年起就逐步退役，后来主要用作战术侦察机。

基本参数	
机身长度	23.32 米
机身高度	5.91 米
翼展	16.16 米
空重	14870 千克
最高速度	2128 千米/时
相关简介	

实战性能

A-5 攻击机的动力装置为 2 台 J79-GE-10 涡轮喷气发动机，单台最大推力 52.8 千牛，加力推力 79.6 千牛。根据设计要求，A-5 实际上是一种超音速核轰炸机，也是美国当时最大最重的舰载机，其最大载弹量达 5.2 吨，最大起飞重量近 32 吨。尽管采用了下垂前缘和吹气襟翼等增升措施，仍然只能在吨位较大的 "中途岛" 级航空母舰起降。

趣味小知识

鉴于 A-5 攻击机良好的高速性能和巨大的潜力，北美飞机公司曾提出为美国空军研制一种先进截击型，在 2 台 J79 发动机上面加装了液体燃料火箭发动机，但美国空军对此没兴趣。

美国 A-6 "入侵者" 攻击机

A-6 "入侵者"（A-6 Intruder）攻击机是格鲁曼公司研制的一款双发亚音速重型舰载攻击机，共制造了 693 架，从 1963 年服役至 1997 年。

研发历史

1955 年，美国海军开始向国内各大飞机制造公司征求新型舰载攻击机设计，要求必须具备全天候作战能力和超低空作战能力，且必须拥有完善的航空电子设备。同时，美国海军陆战队也需要一种有全天候作战能力、易维护、能从前线野战机场短距起降的攻击机。双方一拍即合。1956 年，综合美国海军陆战队的要求后，美国海军提出了全天候战术攻击机的具体指标。1957 年 12 月底在 8 家公司共 11 种设计方案中，格鲁曼公司的竞标机型脱颖而出。1958 年 9 月，A-6 攻击机开始初始设计和风洞试验，1959 年 4 月与美军签订正式研制和初始生产合同。1960 年春季，8 架原型机中首架出厂，同年 4 月 19 日首次试飞成功。1963 年 7 月，A-6 攻击机正式服役。

基本参数	
机身长度	16.69 米
机身高度	4.93 米
翼展	16.15 米
空重	12093 千克
最高速度	1037 千米 / 时
相关简介	

机体设计

A-6 攻击机的机身为普通全金属半硬壳结构，安装 2 台发动机的机身腹部向内凹。后段机身两侧有减速板，减速板由不锈钢制成。机翼为悬臂式全金属中单翼，后掠角为 25°，有液压操纵装置全翼展前缘襟翼和后缘襟翼。起落架为可收放前三点式，前起落架为双轮式，向后收起，主起落架为单轮式，向前然后向内收入进气道整流罩内，后机身腹部有着陆钩。

实战性能

A-6 攻击机主要用于低空高速突防，对敌方纵深目标实施攻击。该机能携带 8200 千克各种大小的对地攻击武器，但没有安装固定机炮。除具备传统攻击能力外，A-6 攻击机在设计上也具有携带并发射核武器的能力。A-6 攻击机能够在任何恶劣的天气中以超低空飞行，穿过敌方的搜索雷达网，正确地摧毁敌方目标。

驾驶舱外部特写

外部武器挂架特写

趣味小知识

1986 年 3 月的"草原烈火"行动中，从"美国"号航空母舰上起飞的 2 架 A-6 攻击机使用"鱼叉"反舰导弹击沉了利比亚军一艘"战士"级导弹快艇。

美国 A-7 "海盗 Ⅱ" 攻击机

A-7 "海盗 Ⅱ"（A-7 Corsair Ⅱ）攻击机是沃特飞机公司研制的一款单座战术攻击机，一共制造了 1569 架，从 1967 年服役至 1991 年（美国空军、美国海军）。

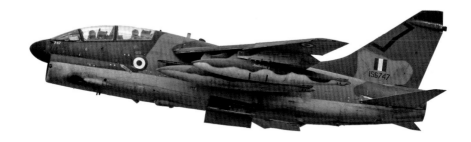

▌▌▌▌▷ 研发历史

A-7 攻击机是 1963 年 5 月美国海军"轻型攻击机"设计竞标的产物，该竞标旨在寻求一种替代 A-4 "天鹰"攻击机的新机型，首要任务是投送常规武器而不是核武器。美国海军对低成本飞机感兴趣，于是规定新机型的研制要基于现有设计。另外为了节省更多的经费，没有要求新机型具备超音速性能。1964 年 2 月，美国海军最后选定沃特飞机公司的方案，并签订了制造 3 架原型机的合同。1965 年 9 月 27 日，A-7 攻击机首次试飞。1965 年 11 月 10 日，A-7 攻击机的绰号正式定为"海盗 Ⅱ"，以表彰沃特飞机公司在二战时期研制了著名的战斗机 F4U "海盗"。

基本参数	
机身长度	14.06 米
机身高度	4.89 米
翼展	11.8 米
空重	8972 千克
最高速度	1065 千米 / 时
相关简介	

▌▌▌▌▷ 机体设计

A-7 攻击机是一种上单翼单座战术攻击机，进气口位于机头雷达罩下方。后掠式机翼有明显的下反角，水平尾翼有上反角，垂直尾翼上端切去一角，以降低机身高度，以便在航空母舰上停放。机身为全金属半硬壳式，机身上的舱门和检查口盖比较多，便于维护。中段机身下侧有一大块减速板。油箱、发动机及座舱部位的机身下侧均有防护装甲。主起落架是单轮式，向前收起放在机身两侧的轮舱内。前起落架为双轮式，向后收起。

实战性能

A-7 攻击机的固定武器为 1 门 20 毫米 M61 "火神"机炮，备弹 1030 发。机身座舱下方两则各有 1 个能挂载 227 千克载荷的导弹挂架，一般只能挂载空对空导弹或空对地导弹。机翼下共有 6 个外挂架，可以选挂炸弹、核弹、火箭弹或电子干扰舱、机炮舱、副油箱等，靠内侧的挂架可挂载 1134 千克的载荷，外侧的 2 个挂架均可挂1587 千克的载荷。

进气口特写

驾驶舱内部特写

趣味小知识

2014 年 10 月，希腊空军第 116 作战联队在阿拉科斯基地为全世界最后的 A-7 "海盗 II" 攻击机举办了盛大的退役仪式。希腊空军是世界上最后使用 A-7 攻击机的空军部队。

美国 AV-8B "海鹞Ⅱ" 攻击机

AV-8B "海鹞Ⅱ"（AV-8B Harrier Ⅱ）攻击机是麦克唐纳·道格拉斯公司生产的舰载垂直/短距起降攻击机，一共制造了337架，从1985年服役至今。

研发历史

AV-8B攻击机不是由美国自行研发的机种，而是美军现役中极少数从国外引进、取得生产权的武器系统。该机的原始设计源自英国的"鹞"式攻击机，在美国生产的编号为AV-8A，用作近距离的空中支援和侦察。有鉴于AV-8A攻击机的性能不完全满足美国海军陆战队的需要，尤其是在载弹量方面。于是，麦克唐纳·道格拉斯公司和英国宇航公司对其进行了改进，将AV-8A攻击机改进成为AV-8B攻击机。AV-8B攻击机的生产型于1981年11月首次试飞，1985年正式服役。

基本参数	
机身长度	14.12 米
机身高度	3.55 米
翼展	9.25 米
空重	6745 千克
最高速度	1083 千米/时
相关简介	

机体设计

AV-8B攻击机采用悬臂式上单翼，机翼后掠，翼根厚，翼稍薄。机翼下安装有下垂副翼和起落架舱，两翼下各有1个较小的辅助起落架，轮径较小，起飞后向上折叠。AV-8B攻击机在减重上下了很大的工夫，其中采用复合材料主翼是主要改进项目之一。据估计，以复合材料制造的主翼要比金属制作的同样主翼轻了150千克。AV-8B攻击机的机身前段也使用了大量的复合材料，减掉了大约68千克的重量。其他采用复合材料的部分包括升力提升装置、水平尾翼、尾舵，只有垂直尾翼、主翼与水平尾翼的前缘及翼端、机身中段及后段等处使用了金属材料。

▐▐▐▐ ★▷ 实战性能

　　AV-8B 攻击机安装了前视红外探测系统、夜视镜等夜间攻击设备，夜间战斗能力很强。该机的起飞滑跑距离不到 F-16 战斗机的三分之一，适合前线使用。AV-8B 攻击机的机身下有两个机炮/弹药舱，各安装 1 门 5 管 25 毫米机炮，备弹 300 发。该机还有 7 个外部挂架，可挂载 AIM-9L"响尾蛇"导弹、AGM -65"小牛"导弹，以及各类炸弹和火箭弹。

进气口特写

驾驶舱外部特写

▦ 趣味小知识

　　1991 年海湾战争中，美国海军在沙特阿拉伯部署了 60 架 AV-8B 攻击机，并参与了对伊拉克的空袭。

美国 A-10 "雷电 II" 攻击机

A-10 "雷电 II"（A-10 Thunderbolt II）攻击机是费尔柴德公司研制的一款双发单座攻击机，一共制造了 716 架，从 1977 年服役至今。

研制历史

A-10 攻击机源于美国空军在 1966 年 9 月展开的攻击机试验计划，其绰号来自于二战时期在秘密支援任务上表现出色的 P-47 "雷电" 攻击机。A-10 攻击机于 1972 年 5 月首次试飞，1977 年开始装备美国空军。该机有多个型号，在经过升级和改进之后，预计一部分 A-10 攻击机将会持续使用至 2028 年。

基本参数	
机身长度	16.16 米
机身高度	4.42 米
翼展	17.42 米
空重	11321 千克
最高速度	706 千米 / 时
相关简介	

机体设计

A-10 攻击机采用中等厚度大弯度平直下单翼、双垂尾的正常布局，不仅便于安排翼下挂架，而且有利于遮蔽发动机发出的火焰与气流，以抑制红外制导的地对空导弹的攻击。尾吊发动机不仅可以简化设计、减轻结构重量，在起降时还可最大限度地避免发动机吸入异物。两个垂直尾翼增加了飞行安定性，作战中即使有一个垂尾遭到破坏，飞机也不会因此无法操纵。

实战性能

A-10 攻击机在低空低速时有优异的机动性，可以在很短的跑道上起飞及降落，并能在接近前线的简陋机场中运作，因此可以在短时间内抵达战区。A-10 攻击机的滞空时间很长，能够长时间盘旋于任务区域附近并在 300 米以下的低空执行任务。A-10 攻击机在前机身内左下侧安装了 1 门 30 毫米 GAU-8 型 7 管"加特林"机炮，最大备弹量 1350 发。该机有 11 个外挂架（每侧机翼下 4 个，机身下 3 个），最大载弹量为 7260 千克。

头部特写

发动机尾喷口特写

俯视图

🏆 趣味小知识

　　在 1991 年海湾战争中，A-10 攻击机第一次参与了实战，144 架 A-10 攻击机进行了近 8100 架次任务，摧毁了伊拉克超过 900 辆坦克、2000 辆其他战斗车辆以及 1200 个火炮据点，成为该战役中效率最高的战机。

美国 A-37 "蜻蜓" 攻击机

A-37 "蜻蜓"（A-37 Dragonfly）攻击机是赛斯纳飞机公司在 T-37 "鸣鸟" 教练机基础上改进而来的攻击机，一共制造了 577 架。

驾驶舱座椅特写

驾驶舱仪表盘特写

基本参数	
机身长度	8.62 米
机身高度	2.7 米
翼展	10.93 米
空重	2817 千克
最高速度	816 千米 / 时
相关简介	

研发历史

1963 年，美国空军和赛斯纳飞机公司签订了合同，对两架 T-37 "鸣鸟" 教练机进行必要的改进，这两架飞机被赋予 YAT-37D 的编号。1964 年 10 月，第 1 架 YAT-37D 首次试飞。1966 年，赛斯纳飞机公司获得了一份为美国空军预生产 1 批 YAT-37D 的合同。为了加快交付速度，该批次飞机由 T-37B 改造而来，并在原型机的基础上做了几处修改。飞机最初的编号为 AT-37D，但很快便改为 A 37A。1967 年，美国空军又订购了 A-37B 生产型飞机。1968 年，A-37 攻击机开始交付使用。除装备美国空军外，还出口智利、厄瓜多尔、韩国、泰国等。

实战性能

A-37 攻击机的低空机动性较好，其动力装置为 2 台 J85-EG-17A 发动机，单台推力 12.7 千牛。该机保留了 T-37 教练机的双重操纵系统，在执行前线空中管制类的任务时，1 名观察员会占据第二个座椅。而在执行近距支援任务时，通常只有 1 名乘员，以便于搭载尽可能多的武器。A-37 攻击机安装有 1 挺 7.62 毫米 GAC-2B/A 六管机枪，射速 3000~6000 发 / 分，备弹 1500 发。翼下的 8 个挂架可挂载各种炸弹、火箭巢，最大载弹量 2100 千克。

美国 AC-47"幽灵"攻击机

AC-47"幽灵"（AC-47 Spooky）攻击机是以 C-47"空中火车"运输机为基础改进而来的中型攻击机，一共制造了 53 架，于 1965 年开始服役。

头部特写

M134 机枪特写

基本参数	
机身长度	19.6 米
机身高度	5.2 米
翼展	28.9 米
空重	8200 千克
最高速度	375 千米 / 时
相关简介	

研发历史

20 世纪 60 年代初期，道格拉斯公司开始尝试将 C-47"空中火车"运输机改装为空中炮艇机。1964 年 12 月，道格拉斯公司相继完成了 3 架 C-47 运输机的改装工作。这些改装的 C-47 被美国空军赋予的正式编号为 FC-47，FC 代表战斗 / 运输机。不过，这个名称遭到了战斗机飞行员的强烈反对，于是 FC-47 被重新命名为 AC-47。

实战性能

AC-47 攻击机并没有运用任何尖端科技，无论是平台还是武器都来自陈旧但却十分成熟的技术，利用全新的概念将其整合起来，使它成为了战场上最受欢迎的武器之一。该机通常配有 3 挺 7.62 毫米 M134 机枪，或者 10 挺 7.62 毫米 M1919机枪。虽然 AC-47 攻击机的对地火力较强，但它容易受到攻击，在 1965 年 12 月到 1969 年 9 月的作战中，美国空军先后损失了 15 架 AC-47 攻击机。

趣味小知识

除了正式代号"幽灵"外，AC-47 攻击机还有个较为亲密的绰号"魔法龙帕夫"（源自一首 1963 年时发表的美国流行歌曲）。

美国 AC-119 攻击机

AC-119 攻击机是美国空军在 C-119 运输机基础上改装的攻击机，有 AC-119G "暗影"（AC-119G Shadow）和 AC-119K "蛰刺"（AC-119K Stinger）两种型号，一共制造了 52 架。

安装的机枪

头部特写

基本参数	
机身长度	26.36 米
机身高度	8.12 米
翼展	33.31 米
空重	18200 千克
最高速度	335 千米/时
相关简介	

研发历史

20 世纪 60 年代，随着 AC-47 攻击机的日渐老化，美国空军开始寻找新的空中炮艇平台，很快 C-119 "飞行车厢"运输机进入了美国空军的视野，这种飞机采用上单翼结构，这利于在机身侧面布置武器。1968 年 11 月，AC-119 攻击机开始服役。1971 年，AC-119 攻击机从美国空军退役。

实战性能

作为 AC-47 "幽灵"攻击机的继任者，AC-119 攻击机拥有更强大的对地攻击火力。该机在 C-119 运输机基础上安装了 2 门 M61A1 20 毫米六管机炮和 4 挺 SUU-11/A 7.62 毫米机枪。此外，机身左侧安装了 1 部 AVQ-8 氙探照灯，机身右侧安装了 LAU-74A 照明弹发射器。经过实战检验后，飞行员对 AC-119 攻击机的 7.62 毫米机枪更为青睐，因为对比 20 毫米机炮，飞机可以携带更多的小口径弹药。

趣味小知识

为了改善 AC-119 攻击机在紧急情况下的爬升率，照明弹发射器被设计成了可以抛弃的。

美国 AC-130 攻击机

AC-130 攻击机是洛克希德公司研制的空中炮艇机，一共制造了 47 架，至今仍在服役。

机枪和机炮　　　　　　　　驾驶舱外部特写

研发历史

1967 年，美国空军决定改装 C-130 "大力神" 运输机为新一代的 "空中炮艇"，以取代载重量、飞行性能都难以满足作战需求的 AC-47 攻击机。同年，第一架 AC-130A 在怀特 - 佩特森空军基地改装完毕。1967 年 9 月，AC-130A 开始进行为期 90 天的实战试验。随后开始批量改装 AC-130 投入战场，作战时常常与 AC-119 攻击机混编。在服役期间，AC-130 共出现过五种不同的版本，分别是洛克希德公司负责改装的 AC-130A/E/H 三型，由罗克韦尔公司负责的 AC-130U "幽灵"（AC-130U Spooky）和 AC-130J "鬼面骑士"（AC-130J Ghostrider）。

基本参数	
机身长度	29.8 米
机身高度	11.7 米
翼展	40.4 米
空重	6950 千克
最高速度	480 千米 / 时
相关简介	

实战性能

AC-130 攻击机是以 C-130 运输机为基础改进而来，在机门、机舱侧面等处加装了搜索瞄准装置和机炮，增加武器挂架，形成了 "空中炮艇"。该机安装有各种不同口径的机炮，后期机种甚至搭载了博福斯炮或榴弹炮等重型火炮。以 AC-130U 为例，机载武器包含了 1 门侧向的博福斯 40 毫米 L/60 速射炮与 M102 型 105 毫米榴弹炮。原本在 AC-130H 上的 2 门 M61 机炮被 1 门 25 毫米 GAU-12 机炮所取代，并拥有 3000 发弹药。

美国 F-117 "夜鹰" 攻击机

F-117 "夜鹰"（F-117 Nighthawk）攻击机是美国洛克希德公司研制的一款双发单座隐身攻击机，1983 年开始服役，2008 年退出现役。

▶ 研发历史

F-117 攻击机的研制工作始于 20 世纪 70 年代中期，一共制造了 5 架原型机，1981 年 6 月 15 日试飞定型，次年 8 月 23 日开始向美国空军交付，一共交付了 59 架生产型。F-117 攻击机服役后一直处于保密状态，直到 1988 年 11 月 10 日，美国空军才首次公布了它的照片。1989 年 4 月，F-117 攻击机在内华达州的内利斯空军基地公开面世。值得一提的是，一名资深的 F-117 攻击机研发团队成员曾在电视节目里表示，以 "F" 命名的军用航空器比较容易吸引顶尖一流的美国空军飞行员，以 "A" 或 "B" 来命名反而不具吸引力。这或许是 "夜鹰" 身为攻击机却以 "F" 命名的重要原因之一。

基本参数	
机身长度	20.09 米
机身高度	3.78 米
翼展	13.20 米
空重	13380 千克
最高速度	993 千米/时
相关简介	

▶ 机体设计

F-117 攻击机的外形与众不同，整架飞机几乎全部由直线构成，连机翼和 V 形尾翼也都采用了没有曲线的菱形。整个机身干净利索，没有任何明显的突出物，除了机头的 4 个多功能大气数据探头外,就连天线也设计成可上下伸缩。为了降低电磁波的发散和雷达截面积,F-117 攻击机没有配备雷达。诸如此类的设计大幅提高了隐身性能,但也导致 F-117 攻击机气动性能不佳、机动能力差、飞行速度慢等。

驾驶舱外部特写

实战性能

F-117 攻击机可进行空中加油,加油口位于机身背部。该机的 2 个武器舱拥有 2300 千克的装载能力,理论上可以携带美国空军军械库内的任何武器,包括 B61 核弹。少数炸弹因为体积太大,或与 F-117 攻击机的系统不相容而无法携带。

驾驶舱内部特写

趣味小知识

在 1991 年海湾战争中,F-117 攻击机发挥了极大的作用。在大约 1300 次任务、6905 个飞行小时之中,F-117 攻击机成功摧毁了 1600 个高价值目标,超过全部战略目标的 40%。

美国"蝎子"攻击机

"蝎子"攻击机是德事隆·爱尔兰达合资公司研制的一款低成本轻型攻击机，正向全世界推销中。

驾驶舱内部特写

机翼下挂架特写

基本参数	
机身长度	13.87 米
机身高度	4.06 米
翼展	14.58 米
空重	5761 千克
最高速度	833 千米 / 时
相关简介	

研发历史

2012 年 1 月，"蝎子"攻击机项目秘密启动，该项目借助于塞斯纳公司制造商用轻型飞机的通用技术和制造资源。2013 年 12 月，"蝎子"攻击机首次试飞。该机的问世在很大程度上是为了适应美国国防部及其盟国日益严格的预算限制，其采购单价低于 2000 万美元，相当于美国空军现役 A-10 攻击机的 1/6。

实战性能

"蝎子"攻击机的机身内部设计了一个多用途载荷舱，具有 2.32 立方米的空间，可以根据任务需要携带通信、电子战等模块化设备，甚至可以换装燃油箱模块，最大有效载荷 1360 千克。这一独特设计为该机提供了至关重要的作战灵活性。该机的机翼下有 6 个外挂点，可以携带从副油箱到多种航空炸弹、精确制导弹药、反坦克导弹等武器载荷，最大外部载荷 2767 千克。"蝎子"攻击机的每个飞行小时使用成本只有 3000 美元，远低于 A-10 攻击机的 12000 美元。

趣味小知识

"蝎子"攻击机在最大机内燃油量仅有 2722 千克的情况下，转场航程达到了 4445 千米，续航时间超过 5 小时。

俄罗斯伊尔 -10 攻击机

伊尔 -10（Il-10）是伊留申设计局在二战后期由伊尔 -2 攻击机改进而来的双座攻击机，一共制造了 6166 架（含 1200 架 B-33 轰炸机）。

驾驶舱外部特写

机头特写

基本参数	
机身长度	11.06 米
机身高度	4.18 米
翼展	11.06 米
空重	4680 千克
最高速度	551 千米 / 时
相关简介	

研发历史

伊留申设计局于 1939 年研制了伊尔 -2 活塞式双座攻击机，在二战期间共生产了 36183 架，是苏军装备中使用最多的作战飞机。1943 年，伊留申设计局在伊尔 -2 攻击机基础上研制了双座攻击机伊尔 -10。1944 年 4 月 18 日，伊尔 -10 攻击机首次试飞，同年 8 月开始批量生产。伊留申设计局还授权捷克斯洛伐克生产，被称为 B-33 轻型轰炸机。

实战性能

伊尔 -10 攻击机保持了伊尔 -2 攻击机的气动外形和几何尺寸，但是改为全金属结构，并加强了装甲，换装了功率更大的发动机，提高了飞行速度。早期型的固定武装是安装在机翼内的 4 门 23 毫米机炮和 4 挺 7.62 毫米机枪，以及安装在后座舱的 1 挺 12.7 毫米可回转机枪；后期型的固定武装是安装在机翼的 4 门 23 毫米机炮，以及安装在后座舱的 1 门 20 毫米机炮。两翼下可载弹 250 千克，弹仓可载 400 千克火箭发射架或小型航弹集装箱（子母弹）。

趣味小知识

伊尔 -10 攻击机曾参加最后阶段的苏联卫国战争。

俄罗斯苏－17"装配匠"攻击机

　　苏－17"装配匠"攻击机是苏霍伊设计局在苏－7战斗轰炸机基础上发展而来的攻击机，一共制造了2867架。

机翼下挂架特写

头部特写

研发历史

　　虽然苏－7战斗轰炸机拥有适当的空中机动性表现，但却因其机翼设计而有低速时表现不佳、起降时所需跑道太长等缺陷，因此苏霍伊设计局对其进行了改良，推出了可变后掠翼设计的后继机种，也就是苏－17攻击机。该机于1966年8月2日首次试飞，1970年开始服役，主要用户为俄罗斯、利比亚、伊拉克、埃及、叙利亚和波兰等国。

基本参数	
机身长度	19.02米
机身高度	5.12米
翼展	13.68米
空重	12160千克
最高速度	1860千米/时
相关简介	

实战性能

　　苏－17攻击机继承了苏－7战斗轰炸机的坚固耐用和良好的低空操控性，成为苏联空军真正的战术打击飞机。除了苏－7战斗轰炸机的所有武器外，苏－17攻击机还能挂载新的SPPU-22-01机炮吊舱，内置1门23毫米GSh-2-23双管机炮，机炮可向下偏转，飞机在平飞中也能扫射地面，吊舱可以朝前也可以朝后挂载。除机炮外，苏－17攻击机还可挂载3770千克炸弹或导弹。

趣味小知识

　　在20世纪80年代的阿富汗战争中，苏－17是苏军主力攻击机之一，也是最早进入战区的战机。

俄罗斯苏 –25 "蛙足" 攻击机

苏 –25 "蛙足" 攻击机是苏霍伊设计局研制的一款双发单座亚音速攻击机，主要执行密接支援任务。

研发历史

1968 年，苏军提出了新型攻击机的研发计划，要求能在前线 150 千米以内目视攻击敌人的地面目标、直升机和低速飞机，还要能尽快投产。雅克列夫设计局、伊留申设计局和苏霍伊设计局都参加了竞标，最终苏霍伊设计局的设计方案被选中，设计局编号为 T–8。1975 年 2 月，苏 –25 攻击机的原型机首次试飞。1978 年，苏 –25 攻击机开始批量生产，但直到 1981 年才形成全面的作战能力。

基本参数	
机身长度	15.53 米
机身高度	4.8 米
翼展	14.36 米
空重	9800 千克
最高速度	975 千米 / 时
相关简介	

机体设计

苏 –25 攻击机的机翼为悬臂式上单翼，三梁结构，采用大展弦比、梯形直机翼，机翼前缘有 20 度左右的后掠角。机身为全金属半硬壳式结构，机身短粗，座舱底部及四周有 24 毫米厚的钛合金防弹板。机头左侧是空速管，右侧为火控计算机提供数据的传感器。其起落架为可收放前三点式。

头部特写

实战性能

苏 -25 攻击机能在靠近前线的简易机场上起降，执行近距战斗支援任务。该机安装有 1 门 30 毫米双管机炮，机翼下总共有 8 个挂架，可携带 4400 千克空对地武器。苏 -25 攻击机的反坦克能力强，机翼下可挂载"旋风"反坦克导弹，射程 10 千米，可击穿 1000 毫米厚的装甲。苏 -25 攻击机的低空机动性能好，可在装弹情况下与米 -24 武装直升机协同，配合地面部队攻击坦克、装甲车和重要火力点等。

驾驶舱内部特写

趣味小知识

苏联入侵阿富汗时，苏军使用了苏 -25 攻击机执行对地密集打击任务。

英国"飞龙"攻击机

"飞龙"攻击机是韦斯特兰飞机公司研制的一款舰载攻击机，一共制造了 127 架，从 1953 年服役至 1958 年。

 研发历史

1944 年 11 月，英国海军发布 N11/44 设计规范，要求研制一种以劳斯莱斯公司的"鹰"活塞发动机为动力的，能够携带鱼雷的新型舰载战斗轰炸机。最终英国海军选中了韦斯特兰飞机公司的总设计师约翰•迪格比的设计方案。首批生产型"飞龙"直到 1953 年中期才装备部队，此时喷气式战斗机已经服役了很长一段时间了，"飞龙"攻击机最终只被用于执行对地攻击任务。

基本参数	
机身长度	12.88 米
机身高度	4.8 米
翼展	13.41 米
空重	7076 千克
最高速度	616 千米 / 时
相关简介	

实战性能

"飞龙"攻击机是当时机身最重、结构最复杂的单发战机之一，它采用前缘平直、后缘略带弧度的半椭圆形机翼，机翼略带上反角形成倒海鸥形机翼。前倾的发动机整流罩为飞行员提供了极好的前方视界，这对一种单发的活塞式战机来说显得尤其难得。由于机身前部安装了庞大的动力设备，考虑到配平的需要，所以加大了垂尾的面积。

趣味小知识

1956 年 11 月，"飞龙"攻击机被投入英国政府应对苏伊士危机的行动中，在 79 次出击中损失了 2 架。

英国"掠夺者"攻击机

"掠夺者"是布莱克本公司研制的一款舰载攻击机，一共制造了 211 架，从 1962 年服役至 1994 年。

研发历史

20 世纪 50 年代初，英国海军迫切需要一种低空高速舰载攻击机，以快速突破苏联海军舰载雷达和防空导弹的防御，向其舰队和港口投掷核炸弹。1955 年 7 月，英国海军部在众多投标者中选定了布莱克本公司的方案。1958 年 4 月，首架原型机试飞成功，1960 年 1 月开始着舰试飞。1960 年 8 月 20 日，新飞机被命名为"掠夺者"。

基本参数	
机身长度	19.33 米
机身高度	4.97 米
翼展	13.41 米
空重	14000 千克
最高速度	1074 千米 / 时
相关简介	

实战性能

"掠夺者"攻击机在可翻转式弹舱门内侧安装有 4 枚 454 千克的 MK.10 炸弹。翼下 4 个挂架的典型外挂武器各为：1 枚 454 千克或 2 枚 250（或 225）千克的炸弹，或 1 部装有 18 枚 68 毫米火箭的发射巢，或 1 部装有 36 枚 50.8 毫米火箭的发射巢，或 1 枚"玛特拉"空对地导弹。

趣味小知识

1966 年 6 月，一架"掠夺者"攻击机在弹射起飞后坠入海中，开始事故被归咎为飞行员操作失误，但 1966 年 10 月，负责调查这起事故的一名试飞员在同样的情况下再次发生了坠机事故。后来查明，"掠夺者"攻击机在弹射起飞后容易出现一定程度的不稳定现象。

英国 / 法国 "美洲豹" 攻击机

"美洲豹"攻击机是英国和法国联合研制的一款双发多用途攻击机，一共制造了543架，从1973年服役至今。

研发历史

20世纪60年代初，英国空军开始寻求一种用于替换"蚊蚋"教练机和"猎人"教练机同时也可当作轻型战术攻击机使用的新型飞机。此时，法国空军也在寻求一种能担负攻击任务的教练机，以取代T-33教练机和"教师"教练机，以及用于攻击任务的"超神秘"战斗机、F-84F战斗机和F-100战斗机。1964年4月，英国与法国达成协议，由英国飞机公司与法国达索航空公司合组为欧洲战斗教练和战术支援飞机制造公司（SEPECAT），共同研发"美洲豹"攻击机。1968年9月，第一架原型机首次试飞。1973年，"美洲豹"攻击机正式服役。

基本参数	
机身长度	16.8 米
机身高度	4.9 米
翼展	8.7 米
空重	7000 千克
最高速度	1699 千米 / 时
相关简介	

机体设计

"美洲豹"攻击机具有干净利落的传统上单翼布局，翼面至地面距离很高，便于挂载大型的外部载荷，以及提供充裕的作业空间。机翼后掠角40°，下反角3°。机翼后缘取消了传统的副翼，内侧为双缝襟翼，外侧襟翼前有2片扰流板，低速时与差动尾翼配合进行横向操纵。尾部布局采用梯形垂尾，平尾是单片全动式，有10°下反角。

⫸ 实战性能

　　虽然"美洲豹"攻击机是由英国、法国合作研发，但两国在规格与设备方面有较大差异，如英国版使用2台劳斯莱斯RT172发动机，法国版使用2台阿杜尔102发动机。两种版本都装有30毫米机炮，并可挂载4536千克导弹或炸弹等武器。与英国空军此前装备的F-4"鬼怪Ⅱ"战斗机相比，"美洲豹"攻击机专门为低空飞行作了优化，而且具备精确攻击能力以及在粗糙跑道上起降的能力。不过，"美洲豹"攻击机缺乏全天候作战能力。

尾喷口特写

驾驶舱外部特写

⫸ **趣味小知识**

　　1991年，法国空军装备的"美洲豹"攻击机参加了海湾战争，共执行了超过600次战斗出击，投射的AS-30L激光制导导弹表现出很好的精确性。

法国"军旗Ⅳ"攻击机

"军旗Ⅳ"攻击机是达索公司研制的一款轻型舰载攻击机，一共制造了90架，从1962年服役至1991年。

研发历史

"军旗"攻击机原设计用于参加北约轻型攻击机的竞标，但败给了意大利菲亚特公司的G91Y。之后，达索公司在"军旗"原设计的基础上研发了一种更大的攻击机，即"军旗Ⅳ"攻击机。该机于1958年5月首次试飞，1962年1月交付使用，一共生产了69架。在"军旗Ⅳ"的设计基础上，达索公司又推出了"军旗Ⅳ P"侦察/加油机，一共生产了21架。

基本参数	
机身长度	14.4 米
机身高度	4.26 米
翼展	9.6 米
空重	5800 千克
最高速度	1099 千米 / 时
相关简介	

实战性能

"军旗Ⅳ"攻击机主要在"福煦"号和"克莱蒙梭"号航空母舰上服役，为适应舰载模式而采用了高三点起落架，装备了法国制马丁·贝克 MK N4A 弹射座椅。该机采用 1 台 SNECMA 公司的"阿塔"08B 发动机，推力 43.1 千牛。机载武器为 2 门 30 毫米"德发"机炮。机体外部共有 5 个挂架，最大载弹量为 1350 千克。

趣味小知识

为了进行空中加油作业，"军旗Ⅳ P"侦察/加油机还专门从美国道格拉斯公司引进了软管等加油装备。

法国"超军旗"攻击机

"超军旗"攻击机是法国达索航空公司研制的一款单发舰载攻击机，一共制造了 85 架，从 1978 年服役至 2016 年。

研发历史

"超军旗"攻击机源自它的前身"军旗Ⅳ"攻击机，原计划取代"美洲豹"攻击机的海军型。"超军旗"攻击机的研发进度由于政治问题有所延缓，直到 1974 年 10 月才进行原型机的首次试飞。法国海军最初订购 60 架"超军旗"攻击机，1978 年 6 月开始交付。此后，法国海军又增加了 11 架的订单。除法国海军外，阿根廷海军也订购了 14 架"超军旗"攻击机。

基本参数	
机身长度	14.31 米
机身高度	3.86 米
翼展	9.6 米
空重	6500 千克
最高速度	1205 千米/时
相关简介	

机体设计

"超军旗"攻击机采用 45° 后掠角中单翼设计，机身为全金属半硬壳式结构，翼尖可以折起，机身呈蜂腰状。中机身两侧下方有带孔的减速板。减速伞在垂尾与平尾后缘连接处的整流罩内，只有在地面机场降落时才能使用。主起落架和前起落架均为单轮，前轮则向后收，主轮则向内收入机翼与机身。该机的动力装置为 1 台斯奈克玛"阿塔"8K-50 非加力型发动机，机身后段可拆除以进行发动机更换。

实战性能

"超军旗"攻击机的固定武器为 2 门 30 毫米"德发"机炮，每门备弹 125 发。全机有 5 个外挂点，机腹中线外挂点可携带 590 千克外挂物，2 个翼下外侧外挂点

的挂载能力为 1090 千克，2
个翼下内侧外挂点的挂载能
力为 450 千克。在执行攻击
任务时，其武器携带方案为
6 枚 250 千克炸弹（机腹挂
架挂载 2 枚），或 4 枚 400
千克炸弹（全由翼下挂架挂
载），或 4 部 LRI-50 火箭
发射巢（每部可容纳 18 枚
68 毫米火箭弹）。此外，该
机还可根据需要挂载"飞鱼"
空对舰导弹和副油箱等。

头部特写

驾驶舱外部特写

趣味小知识

　　1982 年马岛战争期间，阿根廷使用"超军旗"攻击机发射"飞鱼"导弹击沉英国"谢
菲尔德"号驱逐舰和"大西洋运输者"号运输船，使得这种原本默默无名的飞机名
噪一时。

意大利 / 巴西 AMX 攻击机

AMX 攻击机是意大利和巴西联合研制的一款单发单座轻型攻击机，一共制造了 208 架，从 1989 年服役至今。

研发历史

1977 年 6 月，意大利空军发出了一纸标书，希望开发菲亚特 G.91 战斗机和洛克希德 F-104 战斗机的替代机型，用以完成攻击和侦察任务。与此同时，巴西空军也对新的轻型战斗飞机感兴趣，并为此进行了 A-X 计划，但巴西政府无力单独承担开发所需的费用。由于共同的需求，1981 年 3 月巴西政府与意大利政府签署了一份联合规格书，制定了新飞机的性能指标。1984 年 5 月 15 日，AMX 攻击机的第一架原型机首次试飞。1989 年 5 月 11 日，意大利空军接收了第一架 AMX 攻击机用于测试。

基本参数	
机身长度	13.23 米
机身高度	4.55 米
翼展	8.87 米
空重	6700 千克
最高速度	914 千米 / 时
相关简介	

机体设计

AMX 攻击机采用常规布局，有一对前缘后掠角为 27.5°的后掠矩形上单翼和后掠平尾。机翼配备了全翼展前缘襟翼，副翼内侧是面积很大的双缝富勒襟翼，机翼上表面还配备了两块扰流板，可作为气动刹车使用。该机的一大特点就是全机的高冗余度：电气、液压和电子设备几乎都采用双重体制。除了垂尾和升降舵是复合材料外，AMX 攻击机绝大部分结构材料采用普通航空铝合金。

实战性能

AMX 攻击机主要用于近距空中支援、对地攻击、对海攻击及侦察任务，并有一定的空战能力。该机具备高亚音速飞行和在高海拔地区执行任务的能力，其设计时还考虑了隐身性。AMX 攻击机的动力装置为 1 台劳斯莱斯"斯贝"Mk 807 发动机，意大利版安装有 1 门 20 毫米 M61A1 机炮，巴西版安装有 1 门 30 毫米"德发"机炮，两种版本都可携带空对空导弹。

尾翼特写

M61A1 机炮特写

趣味小知识

AMX 攻击机的生产商为 AMX 国际公司，该公司由意大利阿莱尼亚航空工业公司、巴西航空工业公司和意大利马基公司合资成立，三家公司分别占股 46.5%、29.7% 和 23.8%。

瑞典 SAAB 32 "矛" 式攻击机

SAAB 32 "矛" 式（SAAB 32 Lansen）攻击机是萨博公司制造的一款双座全天候攻击机，一共制造了 450 架，从 1956 年服役至 1997 年。

机体设计

二战后，瑞典迫切需要一种新型战机来取代本国各种夜间战斗机和攻击机。1949 年初，萨博公司建立了由工程师阿瑟·布拉斯卓领导的设计小组，正式开始设计 SAAB 32 攻击机。1950 年 9 月，萨博公司开始制造原型机。1952 年 11 月，原型机首次试飞。1954 年，萨博公司开始批量生产 SAAB 32 攻击机，并于 1956 年 1 月向瑞典空军交付了第一批飞机。

基本参数	
机身长度	14.94 米
机身高度	4.65 米
翼展	13 米
空重	7500 千克
最高速度	1200 千米 / 时
相关简介	

实战性能

SAAB 32 攻击机配有萨博公司自行研制的 Mk Ⅲ 型弹射座椅，并有大约 1/4 的 SAAB 32 攻击机安装了法国设计、瑞典生产的 PS 431 型对地攻击火控雷达。机载武器为 4 门 20 毫米机炮，另可外挂 2 枚 Rb-04C 空对地导弹，或 4 枚 250 千克（或 2 枚 500 千克，或 12 枚 100 千克）炸弹，或 24 枚 135 毫米（或 150 毫米）火箭弹，最大载弹量 1200 千克。

> **趣味小知识**
>
> 1953 年，印度飞机制造公司曾想得到萨博公司授权，并为印度空军制造一定数量的 "矛" 式攻击机，但最终没有成功。

瑞典 SAAB 37 "雷" 式攻击机

SAAB 37 "雷" 式（SAAB 37 Viggen）攻击机是萨博公司于 20 世纪 60 年代研制的一款多用途战机，一共制造了 329 架，从 1971 年服役至 2005 年。

基本参数	
机身长度	16.4 米
机身高度	5.9 米
翼展	10.6 米
空重	9500 千克
最高速度	2231 千米 / 时
相关简介	

研发历史

1961 年 12 月，瑞典政府核准 SAAB 37 的发展计划。1962 年 2 月，萨博公司向瑞典空军递交了最终方案，经批准后正式开始研制。1967 年 2 月 8 日，第一架原型机首次试飞，之后又制造出了 6 架原型机用于做试飞等各种试验。1968 年 4 月，瑞典政府批准生产，第一架飞机在 1971 年 7 月交付。SAAB 37 是 "一机多型" 思想的代表作，前后共有六种型别，分别承担攻击、截击、侦察和训练等任务。AJ37、SF37、SH37 和 SK37 等四种型别属于第一代设计，JA37 和 AJS37 属于第二代设计，其中对地攻击型 AJ37 也能执行有限的截击任务。

实战性能

SAAB 37 攻击机具有出色的易维护性和可靠性设计，为了便于维护，机身上 100 多个维护用舱门集中设计在机体下侧，地勤人员在地面即可对飞机完成维护作业。该机在世界上率先采用机载自动检测仪，便于发现电子设备故障。SAAB 37 攻击机的固定武器为 1 门 30 毫米机炮，机身和机翼上共有 7 个外挂点，可携带空对空导弹、空对地导弹、反舰导弹、火箭弹、普通炸弹、鱼雷等。

趣味小知识

瑞典空军是 SAAB 37 的唯一使用者，共装备了 8 个截击中队、7 个攻击中队和 2 个侦察中队。

阿根廷 IA-58 "普卡拉" 攻击机

　　IA-58 "普卡拉" 是阿根廷研制的一款轻型攻击机，一共制造了 110 架，从 1975 年服役至今。

⭐ 研发历史

　　1967 年 12 月，在第一架有动力系统的样机出现之前，第一架无动力的空气动力样机首次试飞。有动力系统的样机引进了加勒特 TPE331 涡轮螺旋桨发动机，在 1969 年 8 月进行了第一次试飞。第二架原型机安装有透博梅卡 "阿斯泰阻" 涡轮螺旋桨发动机，1970 年夏天进行了它的处女秀。这种机型吸引了来自阿根廷空军的订单，然而由于设备和资金的短缺，所以推迟了 IA-58 攻击机的生产，直到 1975 年阿根廷空军才接收了第一架生产型战斗机。

基本参数	
机身长度	14.25 米
机身高度	5.36 米
翼展	14.5 米
空重	4020 千克
最高速度	500 千米 / 时
相关简介	

⭐ 实战性能

　　IA-58 攻击机狭窄的半硬壳机身的前端前伸，两名飞行员能得到装甲座舱的保护，并拥有良好的武器射击视野。该机的固定武器为 2 门 20 毫米 7 管机炮，分别备弹 270 发。此外，还有 4 挺 7.62 毫米机枪布置在座舱两侧，分别备弹 900 发。该机有 3 个外挂点，最大载弹量 1500 千克。

🎖 趣味小知识

　　1982 年 5 月 28 日，一架 IA-58 攻击机击落了一架英军直升机，这是英阿马岛战争中唯一一架被阿根廷空军击落的英国作战飞机。

罗马尼亚 IAR-93 "秃鹰"攻击机

IAR-93 "秃鹰"攻击机是罗马尼亚和南斯拉夫联合研制的一款双发超音速攻击机,一共制造了 88 架,从 1975 年服役至 1998 年。

基本参数	
机身长度	14.9 米
机身高度	4.52 米
翼展	9.3 米
空重	5750 千克
最高速度	1089 千米 / 时
相关简介	

研发历史

IAR-93 攻击机于 1974 年 1 月 31 日首次试飞,翌年开始服役。该机在最初设计时曾考虑单发设计,但由于英国拒绝提供发动机技术,故只能选用南斯拉夫许可生产的劳斯莱斯"蝰蛇"发动机,但这种发动机比预期引进的发动机功率小,所以只能采用双发布局。IAR-93 攻击机主要有 IAR-93、IAR-93A、IAR-93B、IAR-93A DC 和 IAR-93B DC 等型号,外形设计基本一致。

实战性能

IAR-93 攻击机的武器为 2 门 23 毫米 GSh-23L 机炮,另可挂载 2800 千克载荷,其中包括:AGM-65 电视制导导弹、Grom-1 无线电制导导弹、BL755 集束炸弹、AA-2 "环礁"空对空导弹和 AA-8 "蚜虫"空对空导弹等。

> **趣味小知识**
>
> 在南斯拉夫内战爆发之初,塞尔维亚的 IAR-93 攻击机曾有过一些展示武力性质的飞行,但没有投掷任何炸弹。

韩国 FA-50 攻击机

　　FA-50 攻击机是韩国航空宇宙产业公司研制的一款轻型攻击机，一共制造了116 架，从 2014 年服役至今。

研发历史

　　FA-50 攻击机是韩国航空宇宙产业公司在 T-50 "金鹰"高级教练机的基础上研发的韩国首款轻型攻击机，2011 年 5月首次试飞，2013 年 8 月交付韩国空军，2014 年 10 月正式投入实战部署。除装备韩国空军外，该机还出口到泰国、印度尼西亚、菲律宾、伊拉克等国。

实战性能

基本参数	
机身长度	13 米
机身高度	4.94 米
翼展	9.45 米
空重	6470 千克
最高速度	1770 千米 / 时
相关简介	

　　FA-50 攻击机由 T-50 教练机衍生而来，机体尺寸、武装、发动机、座舱配置与航空电子和控制系统均与前者相同，两者的最大差异在于 FA-50 攻击机加装了 AN/APG-67(V) 四脉冲多普勒 X 波段多模式雷达，可以获取多种形式的地理和目标数据。FA-50 攻击机具备超精密制导炸弹的投放能力。2014 年 10 月，FA-50 攻击机装载 AGM-65 空对地导弹首次进行实弹射击训练，在 1.2 千米高空发射导弹，精确命中 7 千米外的目标。

趣味小知识

　　2014 年 10 月 30 日，韩国前总统朴槿惠出席在江原道原州机场举行的 "FA-50 投入实战部署纪念仪式" 并试乘该战斗机。

Chapter 04

轰 炸 机

　　轰炸机具有突击能力强、航程远、载弹量大、机动性高等特点，是航空兵实施空中突击的主要机种。如果说航空母舰是海军的代表，那么轰炸机则是空军特点的代名词。在"三位一体"战略核力量之中，轰炸机是不可缺少的一部分。

美国 SBD "无畏" 轰炸机

SBD "无畏"（SBD Dauntless）轰炸机是道格拉斯公司研制的一款舰载俯冲轰炸机，一共制造了5936架，从1940年服役至1959年。

研发历史

SBD 轰炸机早期为道格拉斯公司与诺斯洛普公司合作开发，以诺斯洛普 BT 俯冲轰炸机为原型机，不过诺斯洛普公司后来退出研发团队，所以才将飞机名称由原本的 BT-2 改为SBD。该机于1940年5月1日首次试飞，同年开始服役。二战结束后，SBD 轰炸机在墨西哥空军中持续服役到1959年。

基本参数	
机身长度	10.09 米
机身高度	4.14 米
翼展	12.66 米
空重	2905 千克
最高速度	410 千米/时
相关简介	

实战性能

SBD 轰炸机安装有2挺12.7毫米机枪和2挺.62毫米机枪，并可挂载1020千克炸弹。早期的 SBD 轰炸机装甲比较薄弱，遭遇日本"零"式战斗机时难以存活。1941年服役的 SBD-3 型换装了功率更大的莱特 R-1820-52 发动机、自封油箱与防弹装甲。1943年推出的 SBD-5 型是 SBD 系列的最终版本，换装莱特R-1820-60 发动机，以及可以挂载副油箱的强化机翼。

趣味小知识

对于机库空间有限的航空母舰而言，SBD 轰炸机的机翼不能折叠是个很大的缺陷。不过，"独立"号轻型航空母舰还是装备了 SBD 轰炸机，舰上第22轰炸机中队的飞行员驾驶着 SBD 轰炸机参加了1943年对马尔库斯、威克和塔拉瓦岛的空袭。

美国 SB2C "地狱俯冲者" 轰炸机

SB2C "地狱俯冲者"（SB2C Helldiver）轰炸机是柯蒂斯公司研制的一款俯冲轰炸机，一共制造了 7140 架，从 1940 年服役至 1959 年。

研发历史

SB2C 轰炸机于 1940 年 12 月 18 日首次试飞，在解决了一些问题后于 1943 年编入美国海军服役，广泛参加了在太平洋战场的作战行动。除了美国海军以外，美国陆军航空队也有少量服役，编号为 A-25。二战结束后，意大利空军持续使用 SB2C 轰炸机至 1959 年。

实战性能

SB2C 轰炸机装安有 2 门 20 毫米炮，1 挺 12.7 毫米机枪。该机是历史上最重的俯冲轰炸机，其炸弹仓可携带 1 枚 450 千克炸弹或 725 千克炸弹，外加机翼两个 45 千克炸弹。当 SB2C 轰炸机的速度在 145 千米 / 时以下的时候，操纵性较差。由于航空母舰降落的进场速度是 137 千米 / 时，因此飞机很容易失控。

基本参数	
机身长度	11.18 米
机身高度	4.01 米
翼展	15.17 米
空重	4794 千克
最高速度	475 千米 / 时
相关简介	

趣味小知识

在高速飞行特别是在俯冲轰炸的时候，SB2C 轰炸机的副翼会变得很沉，使飞行员很难控制飞机对准目标。这个问题加上飞机减速装置造成的飞机震动，使得 SB2C 轰炸机的轰炸精度低于 SBD 轰炸机。

美国 TBF "复仇者" 轰炸机

TBF "复仇者" 轰炸机是格鲁曼公司研制的一款舰载鱼雷轰炸机，一共制造了9839架，从1942年服役至1960年。

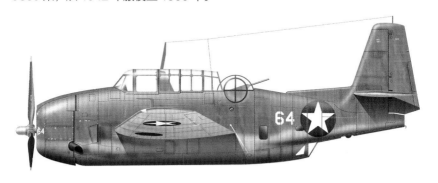

研发历史

1939年，美国海军向各大飞机制造公司征求新一代舰上轰炸机，用以取代性能落后的TBD "毁灭者" 鱼雷轰炸机。最后，格鲁曼公司胜出，其竞标产品—TBF鱼雷轰炸机于1941年8月7日首次试飞，1942年开始服役。

基本参数	
机身长度	12.48 米
机身高度	4.7 米
翼展	16.51 米
空重	4783 千克
最高速度	442 千米 / 时
相关简介	

实战性能

比起原本的 TBD 鱼雷轰炸机，TBF 轰炸机的性能有着明显的提升，除了更大功率的发动机外，新设计的流线型座舱配备防弹玻璃，机身的防弹装甲也前所未有的坚固。而机翼能够向上折起的长度比起其他舰载机也更长了许多，大幅减少了在航空母舰舱内所占的位置。TBF 轰炸机的攻击能力比日本的九七式舰载攻击机更强，除了搭载 1 枚 Mark 13 航空鱼雷之外，还可装载 1 枚 900 千克或 4 枚 225 千克炸弹，而襟翼上配备减速板的设计加上刹车减速板，更让 TBF 轰炸机拥有和俯冲轰炸机一样的俯冲攻击能力。

趣味小知识

在瓜岛战役中，美国海军航空兵装备的 TBF 轰炸机击沉了日本 "比睿" 号战列舰。

美国 B-17 "空中堡垒" 轰炸机

B-17 "空中堡垒"（B-17 Flying Fortress）轰炸机是波音公司制造的一款四发重型轰炸机，一共制造了 12731 架，从 1938 年服役至 1968 年。

研发历史

1934 年 2 月，美国陆军航空队提出了一种能装载 2000 千克炸弹以 322 千米时速飞行 8045 千米远的轰炸机的设计招标。波音公司的设计赢得了制造一架样机的合同，军方指定编号为 XBLR-1，后改为 XB-15。新机于 1935 年 7 月首次试飞，1938 年开始服役。二战结束后，B-17 轰炸机在巴西空军一直服役到 1968 年。

基本参数	
机身长度	22.66 米
机身高度	5.82 米
翼展	31.62 米
空重	16391 千克
最高速度	462 千米 / 时
相关简介	

实战性能

B-17 轰炸机是世界上第一种配装雷达瞄准具、能在高空精确投弹的大型轰炸机。战略轰炸的概念基本上是由 B-17 轰炸机开创的。1940 年，B-17 轰炸机因白天轰炸柏林而闻名于世。1943—1945 年，美国陆军航空队在德国上空进行的规模庞大的白天精密轰炸作战中，B-17 轰炸机更是表现优异。实际上，欧洲战场上大部分的轰炸任务都是由 B-17 轰炸机完成的。

趣味小知识

2011 年 6 月 13 日，一架 B-17 轰炸机在美国芝加哥西部的奥罗拉机场起飞后不久因引擎起火而坠毁，机上 7 人全部成功逃生，无人受伤。这架飞机经过修复，主要用于展览，供公众参观和体验。

美国 B-24 "解放者" 轰炸机

B-24 "解放者"（B-24 Liberator）轰炸机是共和飞机公司研制的一款大型轰炸机，一共制造了 18500 架，从 1941 年服役至 1968 年。

尾翼特写

驾驶舱外部特写

研发历史

1939 年 3 月，共和飞机公司与美国陆军航空队签订合约。1939 年 12 月 29 日，原型机 XB-24 首次试飞。经过实战考验，对 B-24 轰炸机持续不断的改进，改进至 B-24D 型时，才被美军大量采用，并通过《租借法案》大量援助他国。二战后，B-24 轰炸机在一些国家持续使用到 1968 年。

基本参数	
机身长度	20.6 米
机身高度	5.5 米
翼展	33.5 米
空重	16590 千克
最高速度	487 千米 / 时
相关简介	

实战性能

B-24 轰炸机有一个实用性极强的粗壮机身，其上下前后及左右两侧均设有自卫枪械，构成了一个强大的火力网。该机是二战期间最著名的作战飞机之一，它的名字与美军第 8 航空队在欧洲实行的大规模昼间轰炸紧紧联系在一起，因而被人们认为是一种卓越的战略轰炸机。B-24 轰炸机航程较远，在整个战争期间都可以看到它的身影，它与 B-17 轰炸机一起成为对德国进行大规模战略轰炸的主力。

趣味小知识

B-24 轰炸机参加的最著名的一次战役是 B-24 机群大规模远程空袭普罗耶什蒂油田，给德国的能源供应造成了极大的破坏。

美国 B-25 "米切尔" 轰炸机

B-25 "米切尔"（B-25 Mitchell）轰炸机是北美飞机公司研制的一款双发中型轰炸机，一共制造了 9816 架，从 1941 年服役至 1979 年。

驾驶舱外部特写

尾部炮塔特写

▶ 研发历史

B-25 轰炸机的最初设计代号为 NA-40-1，是北美飞机公司自主研发的双发轰炸机。1939 年 1 月首次试飞时，恰逢美国陆军航空队展开中型轰炸机的竞标，北美飞机公司修改设计后参加了竞标。生产型 B-25 轰炸机于 1940 年 8 月首次试飞，1941 年初开始服役。直到 1979 年，B-25 轰炸机才完全退出历史舞台。

基本参数	
机身长度	16.13 米
机身高度	4.98 米
翼展	20.6 米
空重	8855 千克
最高速度	442 千米 / 时
相关简介	

▶ 实战性能

B-25 轰炸机的综合性能良好、出勤率高而且用途广泛。该机在太平洋战争中有许多出色表现。战争中期，B-25 轰炸机参与使用了类似鱼雷攻击的"跳跃"投弹技术。飞机在低高度将炸弹投放到水面上，而后炸弹在水面上跳跃着飞向敌舰，这提高了投弹的命中率，并且炸弹经常在敌舰吃水线以下爆炸，杀伤力增大。

> **趣味小知识**
>
> 1942 年 4 月，B-25 轰炸机承担了"空袭东京"任务，并且表现突出。

美国 B-26 "劫掠者" 轰炸机

B-26 "劫掠者"（B-26 Marauder）轰炸机是马丁公司研制的一款中型轰炸机，一共制造了 5288 架。

头部特写   尾部特写

研发历史

B-26 "劫掠者" 轰炸机和 B-25 "米切尔" 轰炸机都源自同一份美国陆军航空队需求书。B-26 轰炸机于 1940 年 11 月 25 日首次试飞，1941 年开始服役。该机在二战中饱受争议，几度面临停产撤编，但每次都能化险为夷，并在二战后被多个国家持续采用。

实战性能

B-26 轰炸机的半硬壳铝合金结构机身由前中后三段组成，带弹舱的机身中段与机翼一起制造。机身两侧固定安装 4 挺 12.7 毫米机枪，另外机头有 1 挺，背部有 2 挺，尾部炮塔有 2 挺，腹部有 2 挺。与 B-25 轰炸机相比，B-26 轰炸机有更快的速度、更大的载弹量，但却没有更好的名声——它以 "寡妇制造者" 而闻名。在早期的使用中，B-26 轰炸机坠毁的比例较大，但在经过改进后，这个问题得到了很大的改善，坠毁率下降到正常水平。

基本参数	
机身长度	17.8 米
机身高度	6.55 米
翼展	21.65 米
空重	11000 千克
最高速度	460 千米 / 时
相关简介	

趣味小知识

在欧洲战场，B-26 轰炸机取得了很大的成功。1943 年 2 月，第一个 B-26 轰炸机大队部署到英国，用于执行对欧洲大陆上德军目标的低空轰炸。

美国 B-29 "超级堡垒" 轰炸机

B-29 "超级堡垒" (B-29 Super Fortress) 轰炸机是波音公司研制的四发重型轰炸机, 一共制造了 3970 架, 从 1944 年服役至 1960 年。

头部特写

发动机螺旋桨特写

基本参数	
机身长度	30.2 米
机身高度	8.5 米
翼展	43.1 米
空重	33800 千克
最高速度	574 千米 / 时
相关简介	

研发历史

早在美国参加二战以前, 美国陆军航空队司令亨利·阿诺德便希望能够发展一种长距离战略轰炸机, 应付可能需要对德国进行长程轰炸的任务。波音公司以B-17 "空中堡垒" 轰炸机为蓝本, 设计出划时代的 B-29 "超级堡垒" 轰炸机。当时每架 B-29 轰炸机作价 60 万美元, 订单总值达 30 亿美元。

实战性能

B-29 轰炸机的崭新设计包括: 加压机舱、中央火控、遥控机枪等。由于使用了加压机舱, 飞行员不需要长时间戴上氧气罩及忍受严寒。原先 B-29 轰炸机的设计构想是作为日间高空精确轰炸机, 但在战场使用时 B-29 轰炸机却多数在夜间出动, 在低空进行轰炸。该机可以在 12192 米高空以时速 563 千米的速度飞行, 而当时大部分战斗机都很难爬升到这个高度, 即使有也无法追上 B-29 轰炸机的速度。

> **趣味小知识**
>
> 1944 年 6 月 15 日, 92 架 B-29 轰炸机从加尔各答基地起飞, 轰炸日本本土的九州岛, 向曾为日军提供过大量钢材的八幡钢铁厂投下了首批炸弹, 拉开了美军对日战略轰炸的序幕。

美国 B-36 "和平缔造者" 轰炸机

B-36 "和平缔造者"（B-36 Peacemaker）轰炸机是康维尔公司研制的战略轰炸机，一共制造了 384 架，从 1948 年服役至 1959 年。

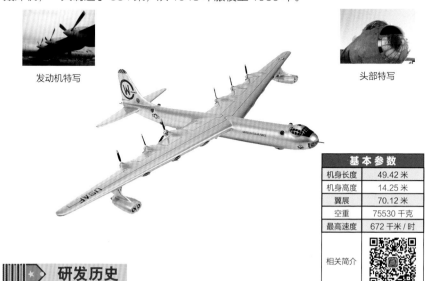

发动机特写

头部特写

基本参数	
机身长度	49.42 米
机身高度	14.25 米
翼展	70.12 米
空重	75530 千克
最高速度	672 千米/时
相关简介	

研发历史

1941 年 4 月，美国陆军航空队提出了 "超级巨人机" 的初步构想。同年 11 月，康维尔公司在竞标中获胜。之后由于战局的变化，B-36 轰炸机计划被搁置，美军要求提前赶制 B-24 轰炸机及 B-29 轰炸机。直到 1946 年 8 月，B-36 轰炸机才完成首次试飞，1949 年开始服役，1959 年初退役。

实战性能

B-36 轰炸机创造了多项记录：它是历史上投入批量生产的最大型的活塞发动机飞机，并且是翼展最大的军用飞机。它也是第一款无须改装就可以挂载当时美国核武库内所有原子弹的轰炸机。以其 9700 千米的航程和 33 吨的最大载弹量，B-36 轰炸机还成为第一款能够执行洲际轰炸任务的轰炸机。

趣味小知识

由于航程远、载弹量大，B-36 轰炸机服役后主要部署在美国本土的埃格林空军基地（佛罗里达州）和卡斯威尔空军基地（得克萨斯州）。

美国 B-45 "龙卷风" 轰炸机

B-45 "龙卷风"（B-45 Tornado）轰炸机是美军装备的第一种喷气式轰炸机，一共制造了 143 架，从 1948 年服役至 1959 年。

尾翼特写

驾驶舱外部特写

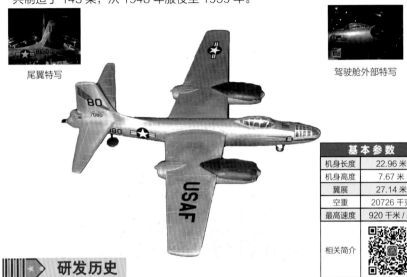

基本参数	
机身长度	22.96 米
机身高度	7.67 米
翼展	27.14 米
空重	20726 千克
最高速度	920 千米 / 时
相关简介	

研发历史

B-45 轰炸机于 1947 年 3 月首次试飞，1948 年开始服役。该机在 20 世纪 50 年代初期到中期曾是美国核威慑力量的重要组成部分，但由于核弹运送能力有限，迅速被更先进的波音 B-47 轰炸机取代，因而 B-45 轰炸机在军中的服役生涯很短暂。

实战性能

B-45 轰炸机是美军第一种具有空中加油能力和核弹投放能力的喷气式飞机。该机的电子系统包括自动驾驶仪、轰炸导航雷达和火控系统、通信设备、紧急飞行控制设备等。B-45 轰炸机的机尾安装有两挺 12.7 毫米机枪，两个弹舱可以携带最大 10000 千克常规炸弹，或 1 枚重 9988 千克的低空战略炸弹，或 2 枚重 1816 千克的核弹。

趣味小知识

1947 年 3 月 17 日，第一架 XB-45 轰炸机在爱德华兹空军基地进行了首次试飞，这次飞行也成为美国四发喷气式轰炸机的首次飞行。

美国 B-47 "同温层喷气"轰炸机

B-47 "同温层喷气"（B-47 Stratojet）轰炸机是波音公司研制的中程喷气式战略轰炸机，一共制造了 2032 架，从 1951 年服役至 1969 年。

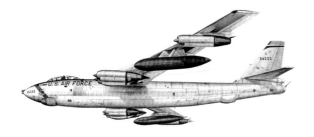

基本参数	
机身长度	33.5 米
机身高度	8.5 米
翼展	35.4 米
空重	35867 千克
最高速度	975 千米/时
相关简介	

 **研发历史**

1947 年 12 月 17 日，首架原型机 XB-47 进行试飞，1948 年投入批量生产，1951 年开始服役。B-47 轰炸机没有进行过实战轰炸。随着 B-52 轰炸机、B-58 轰炸机开始服役，B-47 轰炸机于 1969 年逐渐退出现役。

实战性能

B-47 轰炸机尾部特写

B-47 轰炸机的弹舱长 7.9 米，可以搭载 1 枚 4500 千克的核弹，也可携带 13 枚 227 千克或 8 枚 454 千克的常规炸弹。除此之外，B-47 轰炸机还配有 2 门 20 毫米机炮，备弹 700 发，最大有效射程为 1370 米。机上还配有两部安装在垂直照相架上的 K-38 或 K-17C 照相机，用来检查轰炸结果。

> **趣味小知识**
>
> 1956 年，苏伊士运河危机中，美军战略司令部展示了 B-47 轰炸机一接到命令就可以发动大规模攻击的能力。在 1956 年 12 月约两周的时间里，约 1000 架次 B-47 轰炸机在美国本土及北冰洋地区进行不着陆、模拟攻击的任务，每架飞机平均航程达 12872 千米。

美国 B-50 "超级空中堡垒" 轰炸机

B-50 "超级空中堡垒"（B-50 Super Fortress）轰炸机是波音公司研制的一款远程轰炸机，一共制造了 370 架，从 1948 年服役至 1965 年。

头部特写

尾翼特写

研发历史

二战结束后，波音公司在 B-29D 轰炸机的基础上研发一种远程轰炸机，以便在战后继续保持空中优势打击力量，新机被命名为 B-50 轰炸机。该机于 1947 年 6 月首次试飞，1948 年开始服役，1965 年退役。

实战性能

基本参数	
机身长度	30.18 米
机身高度	9.96 米
翼展	43.05 米
空重	38256 千克
最高速度	634 千米 / 时
相关简介	

与美国此前的轰炸机相比，B-50 轰炸机有了一定的进步，尤其是航程和载弹量都提高了两成，最高速度也增大了近 10%，加之当时被美国军方寄予厚望的 B-36 轰炸机因技术问题迟迟不能服役，因此战略轰炸的重任就落在了 B-50 轰炸机肩上。尽管当时的螺旋桨飞机已经能够进行洲际飞行，但其在速度和升限上的劣势注定了它难以在敌方喷气式战斗机面前生存下来，因此 B-50 轰炸机在服役期间表现得非常平淡。

趣味小知识

由于 B-50 轰炸机具有发展基础良好及性能稳定的优点，在空军战略司令部服役结束后，其机身还被改装为战术空军司令部的空中加油机（KB-50）和航空气象局的气象侦察机（WB-50）。

美国 B-52 "同温层堡垒" 轰炸机

B-52 "同温层堡垒"（B-52 Stratofortress）轰炸机是波音公司研制的一款八发远程战略轰炸机，一共制造了 744 架，从 1955 年服役至今。

基本参数

基本参数	
机身长度	48.5 米
机身高度	12.4 米
翼展	56.4 米
空重	83250 千克
最高速度	1000 千米 / 时
相关简介	

研发历史

B-52 轰炸机于 1948 年提出设计方案，1952 年第一架原型机首次试飞，1955 年批量生产型开始交付使用，先后发展了 B-52A、B-52B、B-52C、B-52D、B-52E、B-52F、B-52G、B-52H 等型号。由于 B-52 轰炸机的升限最高可处于地球同温层，所以被称为 "同温层堡垒"。1962 年，B-52 轰炸机停止生产，前后一共生产了 744 架。该机服役时间极长，时至今日已经超过半个世纪，但它仍然是美国空军战略轰炸的主力之一，美国空军还计划让其持续服役至 2050 年。

机体设计

B-52 轰炸机的机身结构为细长的全金属半硬壳式，侧面平滑，截面呈圆角矩形。前段为气密乘员舱，中段上部为油箱，下部为炸弹舱，空中加油受油口在前机身顶部。后段逐步变细，尾部是炮塔，其上方是增压的射击员舱。动力装置为 8 台普惠 TF33-P-3/103 涡扇发动机，以 2 台为一组分别吊装于两侧机翼之下。

实战性能

　　B-52轰炸机安装有1门20毫米M61"火神"机炮，另外还可以携带31 500千克各型常规炸弹、导弹或核弹，载弹量非常大。Mk 28核炸弹是B-52轰炸机的主战装备之一，在弹舱内特制的双层挂架上可以密集携带4枚，分两层各并列放置2枚。为增强突防能力，B-52轰炸机还装备了AGM-28"大猎犬"巡航导弹。值得一提的是，B-52轰炸机是美国现役战略轰炸机中唯一可以发射巡航导弹的机种。

驾驶舱内部特写

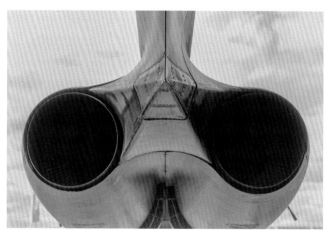

发动机特写

趣味小知识

　　在海湾战争中，美国空军装备的B-52G轰炸机全程参与了对伊拉克的空袭作战。42天中总共出动了1624架次，投弹25700吨，约72000枚炸弹，占美国总投弹量的29%和美国空军总投弹量的38%。

美国 B-57 "堪培拉" 轰炸机

B-57 "堪培拉"（B-57 Canberra）轰炸机是马丁公司制造的一款双座轻型轰炸机，一共制造了 403 架，从 1954 年服役至 1985 年。

研发历史

B-57 轰炸机是在英国的 "堪培拉" 轰炸机基础上研发的，为了满足美国空军要求，结构有所改进。B-57 轰炸机及其衍生型主要有: B-57A，首批生产型; RB-57A，侦察型; B-57B，双座夜间袭击战术轰炸型；B-57C，可用于飞行训练；RB-57D，高空侦察型；B-57D，高空轰炸型；B-57E，用于战术轰炸或作高速拖靶机；RB-57F，高空侦察型；B-57G，夜间攻击型。

基本参数	
机身长度	19.96 米
机身高度	4.88 米
翼展	19.51 米
空重	13600 千克
最高速度	960 千米 / 时
相关简介	

实战性能

B-57 轰炸机的动力装置为 2 台 J65-W-5 涡轮喷气发动机，单台推力为 32.1 千牛。该机的武器装备有 8 挺 12.7 毫米机枪，各备弹 300 发，或改装 4 门 20 毫米机炮。机身中部的弹舱内和翼下挂架，可挂载各种对地攻击武器，总挂载量为 3300 千克。

趣味小知识

1954 年，B-57 轰炸机进入美国空军服役。这是自 1918 年以来美国军方首次大规模选用外国战斗机进入一线现役。

美国 B-58 "盗贼" 轰炸机

B-58 "盗贼"（B-58 Hustler）轰炸机是康维尔公司研制的一款超音速轰炸机，一共制造了 116 架，从 1960 年服役至 1970 年。

研发历史

1952 年 11 月，美国空军选中康维尔公司的方案，1956 年 11 月 B-58 轰炸机进行了首次试飞，并在随后共进行了 150 个架次的飞行。1957 年 6 月，B-58 轰炸机携带副油箱突破了两倍音速。1960 年 3 月进入美国空军服役，是美国空军战略司令部 20 世纪 60 年代最主要的空中打击力量之一。

基本参数	
机身长度	29.5 米
机身高度	8.9 米
翼展	17.3 米
空重	25200 千克
最高速度	985 千米 / 时
相关简介	

实战性能

B-58 轰炸机有着之前任何轰炸机不曾拥有的性能和复杂的航空电子设备，代表了当时航空工业的最高水准。B-58 轰炸机的服役生涯却和其研制费用、性能不甚相符，这种现象主要归结于该机追求超音速飞行而使用了许多不太成熟的新技术，因此造成该机故障率出奇高，当然除了本身的技术原因外，弹道导弹的服役也是 B-58 轰炸机过早退役的原因之一。

趣味小知识

1959—1960 年，B-58 轰炸机的事故率相当高，以至于美国战略空军司令部拒绝接受该机。

美国 B-66 "毁灭者" 轰炸机

B-66 "毁灭者"（B-66 Destroyer）轰炸机是道格拉斯公司研制的一款战术轰炸机，一共制造了 294 架，从 1956 年服役至 1973 年。

研发历史

B-66 轰炸机由道格拉斯公司位于加利福尼亚的长滩工厂生产，实际上就是略微改进了的 A-3 "空中战士" 攻击机，用于满足美国空军对战术轰炸机的需求。虽然 B-66 轰炸机在外观上和 A-3 攻击机非常相似，但是二者没有一个零件是完全相同的。B-66 轰炸机于 1954 年 6 月首次试飞，1956 年正式服役。

基本参数	
机身长度	22.9 米
机身高度	7.2 米
翼展	22.1 米
空重	19300 千克
最高速度	1020 千米/时
相关简介	

实战性能

因为 B-66 轰炸机需要在低空高速飞行，所以增加了机身强度并略微修改了机翼平面外形，降低了翼根的厚度/弦长比，并配备了新式副翼和襟翼。为了能在临时机场起降，B-66 轰炸机还加大了轮胎尺寸。B-66 轰炸机的固定武器为 2 门 20 毫米 M24 机炮，其弹仓可以携带 6800 千克炸弹。

趣味小知识

1954 年，B-66 轰炸机预生产型遭遇的问题以及试飞进度的延误使美国空军一度考虑取消 B-66 项目，甚至开始寻找替代机型。不过，美国空军经过审核发现取消 B-66 项目并寻找替代机型的费用更加昂贵，而且此时道格拉斯公司已经查明了许多缺陷的原因并着手改进，因此美国空军最后还是决定保留 B-66 项目。

美国 B-1B "枪骑兵" 轰炸机

B-1B "枪骑兵" (B-1B Lancer) 轰炸机是北美飞机公司研制的超音速可变后掠翼重型远程战略轰炸机，一共制造了 100 架，从 1986 年服役至今。

研发历史

早在 20 世纪 50 年代末，美国空军就已经计划研发一种最高速度可达 3 马赫的战略轰炸机 XB-70，但该计划后来流产。在放弃 B-70 之后，美国空军又计划发展一种以音速低空进攻为主的轰炸机。20 世纪 70 年代，北美航空提出以 B-70 的技术为基础研制 B-1 轰炸机，造出 4 架 B-1A 原型机，并于 1974 年首次试飞，后由于造价昂贵遭到卡特总统取消。1981 年，里根总统上任后，美国空军恢复了订购。新的 B-1B 原型机于 1983 年 3 月首飞，1985 年开始批量生产。

基本参数	
机身长度	44.5 米
机身高度	10.4 米
翼展	41.8 米
空重	87100 千克
最高速度	1529 千米 / 时
相关简介	

机体设计

B-1B 轰炸机的机身修长，前机身布置 4 座座舱，尾部安装有个巨大的后掠垂尾，垂尾根部的背鳍一直向前延伸至机身中部。全动平尾安装在垂尾下方，位置较高。该机的机身中段向机翼平滑过渡，形成翼身融合，可增加升力减轻阻力。另外，机身的设计还注重降低雷达反射截面积，以降低被敌方防空系统发现的概率。双轮前起落架有液压转向装置，向前收在机鼻下方的起落架舱中。主起落架安装在机腹下方发动机短舱之间，采用四轮小车式机轮，向上收入机腹。

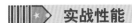

实战性能

B-1B 轰炸机是美国空军战略威慑的主要力量，也是美国现役数量最多的战略轰炸机。该机有 6 个外挂点，可携挂 27000 千克炸弹。此外，该机还有 3 个内置弹舱，可携挂 34000 千克炸弹。得益于由前方监视雷达和自动操纵装置组合而成的地形追踪系统，B-1B 轰炸机在平坦的地面上可降低到 60 米的飞行高度。

驾驶舱内部特写

弹仓内部特写

趣味小知识

1999 年，6 架 B-1B 轰炸机投入了北约各国对塞尔维亚所进行的联合轰炸任务中，在仅占总飞行架次 2% 的情形下，投掷了超过 20% 的弹药量。

美国 B-2 "幽灵" 轰炸机

B-2 "幽灵"（B-2 Spirit）轰炸机是诺斯洛普·格鲁曼公司和波音公司研制的隐身战略轰炸机，一共制造了 21 架，从 1997 年服役至今。

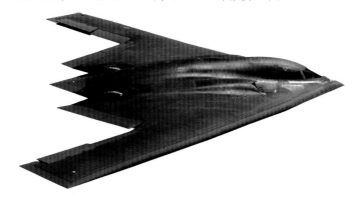

研发历史

1981 年 10 月 20 日，诺斯洛普／波音团队打败洛克希德／洛克威尔团队，赢得先进技术轰炸机（Advanced Technology Bomber，ATB）计划，在麻省理工学院科学家协助之下为美国空军研制生产新型轰炸机。1989 年 7 月，B-2 原型机首次试飞，之后又经历了军方进行的多次试飞和严格检验，生产厂家还不断根据空军所提出的种种意见而修改设计。1997 年，B-2 轰炸机正式服役。因造价太过昂贵和保养维护复杂的原因，B-2 轰炸机至今只生产了 21 架。

基本参数	
机身长度	21 米
机身高度	5.18 米
翼展	52.4 米
空重	71700 千克
最高速度	764 千米／时
相关简介	

机体设计

B-2 轰炸机没有垂尾或方向舵，机翼前缘与机翼后缘和另一侧的翼尖平行。飞机的中间部位隆起，以容纳座舱、弹舱和电子设备。中央机身两侧的隆起是发动机舱，每个发动机舱内安装两台无加力涡扇发动机。机身尾部后缘为 W 形锯齿状，边缘也与两侧机翼前缘平行。由于飞翼的机翼前缘在机身之前，为了使气动中心靠近重心，也需要将机翼后掠。

　　由于采用了先进并奇特的外形结构，B-2 轰炸机的可探测性极低，使其能够在较危险的区域飞行，执行战略轰炸任务。该机航程超过 10000 千米，而且具备空中加油能力，大大增强了作战半径。该机每次执行任务的空中飞行时间一般不少于 10 小时。美国空军称其具有"全球到达"和"全球摧毁"的能力，可在接到命令后数小时内由美国本土起飞，攻击全球大部分地区的目标。该机没有固定武器，最多可以携带 23000 千克炸弹。

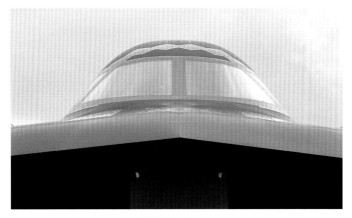

驾驶舱外部特写

驾驶舱内部特写

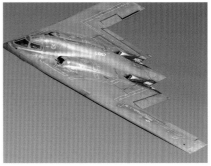

B-2 轰炸机在高空飞行

趣味小知识

　　1999 年，在北约对塞尔维亚的军事行动中，美军多架 B-2 轰炸机由美国本土直飞塞尔维亚。其间共投下 600 多枚联合直接攻击弹药（JDAM）。该机是空战中隐身性与准确性的一大革命。

俄罗斯伊尔-28"小猎犬"轰炸机

伊尔-28轰炸机是伊留申设计局研发的一款中型轰炸机,北约代号为"小猎犬"(Beagle)。该机共制造了6635架,从1950年服役至1980年。

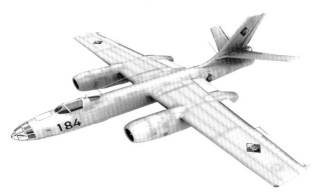

研发历史

伊尔-28轰炸机于1948年7月8日首次试飞,1950年开始服役。由于其设计极度成功,除了苏联外,其他一些国家也按照许可证大量制造。进入20世纪90年代后,仍然有数百架伊尔-28轰炸机在役,而此时距该机首次出现已经隔了40年。

基本参数	
机身长度	17.65米
机身高度	6.7米
翼展	21.45米
空重	12890千克
最高速度	902千米/时
相关简介	

实战性能

伊尔-28轰炸机共有3名乘员,驾驶员和领航员舱在机头,机尾有密封的通信射击员舱。该机可在炸弹舱内可携带4枚500千克或12枚250千克炸弹,也能运载小型战术核武器,翼下还有8个挂架,可挂火箭弹或炸弹。机头机尾各安装2门HP-23机炮,分别备弹650发。

趣味小知识

在第四次中东战争中,前埃及总统穆巴拉克命令埃及空军的222架飞机(包括米格-21MF、伊尔-28)从阿斯旺、曼苏腊、开罗和尼罗河三角洲中部的30多个机场同时起飞,闪电突袭以色列军队在西奈半岛的空军指挥部和雷达系统等军事设施,取得了初步胜利。

俄罗斯 M-50 "野蛮人" 轰炸机

M-50 轰炸机是马萨契夫实验工厂设计的一款四发超音速轰炸机，北约代号为"野蛮人"（Bounder）。原型机仅建造了 1 架，从未服役。

研发历史

研发 M-50 轰炸机的计划诞生于 1954 年 7 月，设计小组代号为 DB-23，当时苏联决定发展"超音速远程轰炸机50"计划，用来对付美国的航空母舰战斗群。1957 年，M-50 轰炸机首次试飞。1960 年秋季，由于苏联高层要优先发展弹道导弹，全面取代轰炸机发挥战略威慑作用，所以 DB-23 设计小组被解散，M-50 轰炸机计划戛然而止。

基本参数	
机身长度	57.48 米
机身高度	8.25 米
翼展	35.1 米
空重	85000 千克
最高速度	1950 千米 / 时
相关简介	

实战性能

M-50 轰炸机可搭载 30000 千克各型炸弹或巡航导弹。由于苏联是第一次研制超音速远程轰炸机，M-50 轰炸机采用了 M-4 和 M-3 两种前串联刹车装置，起初使用的是滑雪橇，但这种设计在飞机高速降落时会与跑道摩擦造成火花，对飞机的安全性有很大影响。

趣味小知识

一位作家曾经评价 M-50 轰炸机的设计是："以对高速飞行一无所知下，M-50 算是最成功的失败。"

俄罗斯图 -4 "公牛" 轰炸机

图 -4 轰炸机是图波列夫设计局研制的一款战略轰炸机，北约代号为"公牛"（Bull）。该机一共制造了 847 架，从 1949 年服役至 1965 年。

发动机特写

驾驶舱外部特写

研发历史

图 -4 轰炸机是图波列夫设计局在美国 B-29 轰炸机的基础上模仿并改进而来的一种轰炸机，因此也被戏称为"B-29 斯基"。事实上，图 -4 轰炸机并不完全是 B-29 轰炸机的仿制品，其雷达、弹药和发动机都是苏联自主研制。除了作为轰炸机，图 -4 轰炸机也被改装为加油机使用。

基本参数	
机身长度	30.18 米
机身高度	8.46 米
翼展	43.05 米
空重	36850 千克
最高速度	558 千米 / 时
相关简介	

实战性能

图 -4 轰炸机的各方面性能都比 B-29 轰炸机有所提高，单台发动机功率从 1471 千瓦增加到 1765 千瓦，并装有涡轮增压器。机上飞行设备配有当时比较先进的航行雷达、天文罗盘、PB-10 无线电高度表。图 -4 轰炸机共有 5 个炮塔，安装有 10 门 23 毫米机炮。5 个炮塔中的 3 个炮塔可以对地射击，可以由 3 个人分别射击，也可以由一个人遥控操纵 3 个炮塔同时对地面一个目标射击。

趣味小知识

图 -4 轰炸机是苏联第一种战略轰炸机，1951 年 10 月 18 日，苏联用它空投了本国第一颗原子弹。

俄罗斯图-16"獾"式轰炸机

图-16轰炸机是图波列夫设计局研制的一款中程轰炸机，北约代号为"獾"（Badger）。该机共制造了1509架，从1954年服役至1993年。

发动机进气口特写

头部特写

研发历史

图-16轰炸机由图波列夫设计局于1950年开始研制，1952年首次试飞，1955年交付使用，有图-16A、B、C、D、E、F、G、H、J、K、L等多种型号，除主要作为轰炸机使用外，还被改装为担负空中侦察、空中加油等任务。图-16轰炸机各个型号的外形基本相同，只是设备不同，或局部外形有些改变。

实战性能

图-16轰炸机安装有7门23毫米航炮，备弹2300发。机腹下有长6.5米的弹舱，正常载弹量为3000千克，最大载弹量9000千克。不载普通炸弹时，可挂载1枚当量为500万吨的核弹，或2枚AS-1空对地导弹，或2枚AS-2空对地导弹，或2枚AS-5空对地导弹。在海上作战时，可挂载鱼雷和水雷。

基本参数	
机身长度	34.8米
机身高度	10.36米
翼展	33米
空重	37200千克
最高速度	1050千米/时
相关简介	

趣味小知识

图-16轰炸机的性能和尺寸大致和美国的B-47轰炸机、英国的"勇士"轰炸机、"火神"轰炸机和"胜利者"轰炸机相当。

俄罗斯图-95"熊"轰炸机

图-95轰炸机是图波列夫设计局研制的一款远程战略轰炸机,北约代号为"熊"（Bear）。该机一共制造了500余架,从1956年服役至今。

研发历史

图-95轰炸机于1951年开始研制,1954年第一架原型机首次试飞,首批生产型于1956年开始交付使用。早期型生产300多架,除用作战略轰炸机之外,还可以执行电子侦察、照相侦察、海上巡逻反潜和通信中继等任务。20世纪80年代中期,图-95轰炸机又进行了大幅改进并恢复生产,即图-95MS轰炸机。

基本参数	
机身长度	49.5米
机身高度	12.12米
翼展	54.1米
空重	90000千克
最高速度	925千米/时
相关简介	

机体设计

图-95轰炸机采用后掠机翼,翼上安装4台涡轮螺旋桨发动机,每台发动机驱动两个大直径四叶螺旋桨。该机机身细长,翼展和展弦比很大,平尾和垂尾都有较大的后掠角。机身为半硬壳式全金属结构,截面呈圆形。机身前段有透明机头罩、雷达舱、领航员舱和驾驶舱。后期改进型号取消了透明机头罩,改为安装大型火控雷达。起落架为前三点式,前起落架有2个机轮,并列安装。

实战性能

图-95轰炸机在机尾安装有1门或2门23毫米Am-23机炮,并能携挂

15 000 千克的炸弹和导弹，包括可使用 20 万吨当量核弹头的 Kh-55 亚音速远程巡航导弹。该机是世界上唯一服役的大型四涡轮螺旋桨发动机后掠翼远程战略轰炸机，其服役时间很长，堪称军用飞机中的"老寿星"。这主要是因为它的体积与滞空能力形成了多种不同的功能，以轰炸机的角度而言，图 -95 轰炸机稍作改造便可为不同用途，如运输机、侦察机，甚至是军用客机。

尾部特写

发动机螺旋桨特写

趣味小知识

1961 年 10 月 30 日早上 11 时 32 分，苏联在北冰洋新地岛群岛试爆了第一颗全世界有史以来最大的核武器：沙皇炸弹。执行这次试爆任务的飞机是一架图 -95V 轰炸机，另有一架图 -16 "獾"式轰炸机作为观测机。

俄罗斯图-22"眼罩"轰炸机

图-22轰炸机是图波列夫设计局研发的一款超音速轰炸机，北约代号为"眼罩"（Blinder）。该机共制造了311架，从1962年服役至2003年。

研发历史

图-22轰炸机于1955年开始设计，1958年首次试飞，1961年在苏联航空节初次公开展出，1962年开始装备部队。该机没有大量生产，仅仅生产了300余架。除苏联空军、海军航空兵外，还向利比亚空军提供了24架，向伊拉克空军提供了12架。

基本参数	
机身长度	41.6米
机身高度	10.13米
翼展	23.17米
空重	85000千克
最高速度	1510千米/时
相关简介	

实战性能

图-22轰炸机作为苏联第一种超音速轰炸机，性能不是非常可靠，航程也差强人意，理论上可以进行超音速突防，但飞机加满油和导弹后，根本无法进行超音速飞行，就算到达目标附近时其速度达到了1.5马赫，也无法有效规避当时北约的战机和防空导弹的拦截。该机的最大载弹量为9000千克，自卫武器很少，仅在尾部有1门30毫米机炮。其自卫手段主要靠速度，夜间使用电子干扰机自卫。

趣味小知识

伊拉克曾经从苏联引进了图-22轰炸机，并配备了AS-4反舰导弹。后来在海湾战争中，伊军图-22、图-16轰炸机全数被摧毁，丧失了战略空袭的能力。

俄罗斯图－22M "逆火" 轰炸机

图－22M 轰炸机是图波列夫设计局研制的一款超音速战略轰炸机，北约代号为 "逆火"（Backfire）。该机共制造了 497 架，从 1972 年服役至今。

研发历史

图－22M 轰炸机的前型图－22 "眼罩" 轰炸机是苏联第一种超音速轰炸机，性能和航程不是非常令人满意，飞机加满油和导弹后，根本无法进行超音速飞行，就算到达目标附近时其速度达到了 1.5 马赫，也无法有效规避当时北约的战机和防空导弹的拦截。因此，苏军对此轰炸机并不满意，只是少量装备，并责成各设计局开发下一代超音速轰炸机来取代图－16和图－22。1967 年 11 月，图波列夫设计局的方案被选中，其最终成果就是图－22M 轰炸机。该机于 1969 年 8 月首次试飞，1972 年正式服役。

基本参数	
机身长度	42.4 米
机身高度	11.05 米
翼展	34.28 米
空重	58000 千克
最高速度	2327 千米 / 时
相关简介	

机体设计

图－22M 轰炸机的机身为普通半硬壳结构，机翼前的机身截面为圆形。该机最大的特色在于变后掠翼设计，低单翼外段的后掠角可在 20°～55°范围调整，垂尾前方有长长的脊面。在轰炸机尾部设有一个雷达控制的自卫炮塔。起落架为可收放三点式，主起落架为多轮小车式，可向内收入机腹。

实战性能

图－22M 轰炸机具有核打击、常规攻击以及反舰能力，良好的低空突防性能

使其生存能力大大高于
苏联以往的轰炸机。该
机是目前世界上列入装
备的轰炸机中飞行速度
最快的一种，有着无
可比拟的巨大威慑力。
图 -22M 轰炸机安装
有 1 门 23 毫米双管机
炮，机翼和机腹下可挂
载 3 枚 Kh-22 空对地
导弹，机身武器舱内有
旋转发射架，可挂载 6
枚 RKV-500B 短距攻

尾部特写

击导弹，也可挂载各型精确制导炸弹，如 69 枚 FAB-250 炸弹或 8 枚 FAB-1500
炸弹。

驾驶舱内部特写

趣味小知识

　　苏联以大量反舰导弹攻击美军航空母舰战斗群的战术让美国忌惮不已，在美国
小说与电影中，多次出现苏联使用图 -22M 轰炸机执行上述战术，例如《恐惧的总和》。
事实上，美军的 AIM-54 "不死鸟" 导弹、F-14 "雄猫" 战斗机、"宙斯盾" 战斗系
统都是为应对这样的战术而生。

俄罗斯图 –160 "海盗旗" 轰炸机

图 –160 轰炸机是图波列夫设计局研制的一款可变后掠翼超音速远程战略轰炸机，北约代号为"海盗旗"（Blackjack）。该机共制造了 36 架，从 1987 年服役至今。

研发历史

20 世纪 70 年代，美国提出了 B–1 "枪骑兵" 轰炸机的研制计划，得知此消息后，苏联方面也不甘落后，开始筹划类似"枪骑兵"的新型轰炸机。随后，图波列夫设计局在参考了"枪骑兵"轰炸机的设计后，融合自身的先进技术设计出了图 –160 "海盗旗" 轰炸机。该机于 1981 年首次试飞，1987 年正式服役。

基本参数	
机身长度	54.10 米
机身高度	13.1 米
翼展	55.70 米
空重	118000 千克
最高速度	2000 千米 / 时
相关简介	

研发历史

与美国 B–1 轰炸机相比，图 –160 轰炸机的体型要大出将近 35%。该机可变后掠翼在内收时呈 20°角，全展开时呈 65°角。襟翼后缘加上了双重稳流翼，可以减少翼面上表面与空气接触的面积，降低阻力。除了可变后掠翼之外，该机还具备可变式涵道，以适应高空高速下的进气方式。由于体积庞大，图 –160 轰炸机驾驶舱后方的成员休息区中甚至还设有 1 个厨房。

实战性能

图-160轰炸机与美国B-1B"枪骑兵"轰炸机非常相似，它是苏联解体前最后一个战略轰炸机计划，同时是世界各国有史以来制造的最重的轰炸机。与B-1B轰炸机相比，图-160轰炸机不仅体型更大，速度也更快，最大航程也更远。图-160轰炸机没有安装固定武器，弹舱

尾翼特写

内可载自由落体炸弹、短距攻击导弹或巡航导弹等武器。该机的作战方式以高空亚音速巡航、低空高亚音速或高空超音速突防为主。在高空时，可发射具有火力圈外攻击能力的巡航导弹。进行防空压制时，可发射短距攻击导弹。另外，该机还可低空突防，用核炸弹或导弹攻击重要目标。

驾驶舱内部特写

趣味小知识

2007年，时任俄罗斯总统普京签署了正式列装图-160轰炸机的命令。二十年来，图-160轰炸机一直处于试用阶段，也就是说，在此期间曾驾驶它的空军飞行员都只是严格意义上的试飞员。

英国"蚊"式轰炸机

"蚊"式（Mosquito）轰炸机是德·哈维兰公司设计并制造的一款木质轻型轰炸机，有"木制奇迹"之誉，一共制造了 7781 架。

基本参数	
机身长度	13.57 米
机身高度	5.3 米
翼展	16.52 米
空重	6490 千克
最高速度	668 千米 / 时
相关简介	

研发历史

"蚊"式轰炸机由英国著名飞机设计师德·哈维兰设计，1940 年 11 月 25 日首次试飞，1941 年开始服役。鉴于二战期间传统飞机使用的铝材可能会匮乏，因此德·哈维兰使用木材代替铝材，制造出身轻如燕的作战飞机。该机的起落架、发动机、控制翼面安装点、翼身结合点等需要受到立体应力的地方全采用金属锻件或铸件，整机全部金属锻件和铸件的总重量只有 130 千克。尽管"蚊式"在生产过程中不断进行改进，但基本结构始终不变。

实战性能

"蚊"式轰炸机采用全木结构，这在 20 世纪 40 年代的飞机中已经非常少见。该机生存性好，在整个二战期间，"蚊"式轰炸机创造了英国空军轰炸机作战生存率的最佳纪录。"蚊"式轰炸机的自重、发动机功率、航程约为"喷火"战斗机的两倍，但速度比"喷火"战斗机更快。尤其是在载重能力上，"蚊"式轰炸机大大超出原设计指标。

趣味小知识

"蚊"式轰炸机是一种快速而敏捷的双发战机，轻载的"蚊"式轰炸机功率重量比极高，关掉 1 台发动机后还能轻快飞行，飞行员开玩笑说：其实"蚊"式轰炸机是德·哈维兰设计的一种单发战机，只是出于安全原因才增加了第 2 台发动机。

英国"兰开斯特"轰炸机

"兰开斯特"(Lancaster)轰炸机是阿芙罗公司研制的四发战略轰炸机,一共制造了 7377 架。

研发历史

"兰开斯特"轰炸机于 1941 年 1 月 9 日首次试飞,1942 年开始服役。该机在二战期间主要担负对德国城市的夜间轰炸任务,在执行三处德国水坝的轰炸任务之后获得"水坝克星"(Dam Buster)的昵称。二战后,"兰开斯特"轰炸机在其他国家持续服役到 20 世纪 60 年代。

基本参数	
机身长度	21.11 米
机身高度	6.25 米
翼展	31.09 米
空重	16571 千克
最高速度	456 千米 / 时
相关简介	

实战性能

"兰开斯特"轰炸机硕大的弹仓内可灵活选挂形形色色的炸弹,除 250 磅常规炸弹外,还可半裸悬挂从 4000、8000、12000 直至 22400 英镑重(合 10160 千克)的各式巨型炸弹,用于对特殊目标的打击。在自卫武器方面,"兰开斯特"轰炸机的基本装备为机枪,后段机身背部和机尾分别设 FN5、FN50 和 FN20 型动力炮塔,各炮塔安装了 7.7 毫米勃朗宁机枪 2~4 挺。

趣味小知识

作为二战时英国最大的战略轰炸机,"兰开斯特"轰炸机以夜间空袭为主要作战手段,几乎包揽了全部重要的战役、战斗任务,赢得了巨大战果。

英国"堪培拉"轰炸机

"堪培拉"（Canberra）轰炸机是英国电气公司研制的一款轻型喷气式轰炸机，一共制造了 1352 架，从 1951 年服役至 2006 年。

基本参数	
机身长度	19.96 米
机身高度	4.77 米
翼展	19.51 米
空重	9820 千克
最高速度	933 千米/时
相关简介	

研发历史

"堪培拉"轰炸机于 1945 年开始设计，第一架原型机 VN 799 于 1949 年 5 月 13 日首次试飞。1951 年 1 月，"堪培拉"轰炸机开始装备部队。该机还出口到了澳大利亚和美国，直到 2006 年其侦察改进型仍在英军中服役。

实战性能

"堪培拉"轰炸机执行任务时，弹仓内可载 6 枚 454 千克炸弹，另外在两侧翼下挂架上还可挂载 907 千克炸弹。执行遮断任务时，可在弹仓后部安装 4 门 20 毫米机炮，前部空余部分可安装 16 枚 114 毫米照明弹或 3 枚 454 千克炸弹。1963 年，英国电气公司对该机进行了改进，使其能携带"北方"AS.30 空对地导弹，也可携带核武器。

趣味小知识

由于澳大利亚是这种轰炸机的第一个海外用户，英国电气公司才将其命名为"堪培拉"。堪培拉是澳大利亚的首都，位于澳大利亚东南部山脉区的开阔谷地上。

英国"火神"轰炸机

"火神"（Vulcan）轰炸机是阿芙罗公司研制的一款战略轰炸机，一共制造了136 架，从 1956 年服役至 1984 年。

研发历史

"火神"轰炸机起源于 1947 年英国空军部的高空远程核打击轰炸机招标，当时阿芙罗公司提交了 698 型方案。由于 698 型符合英国空军军部的要求，双方在 1947 年签订了研制合同，内容包括制造 1 架模型机、几架试验机以及 2 架原型机。1952 年 8 月，"火神"轰炸机第一架原型机首次试飞。1956 年夏季，"火神"轰炸机生产型投入使用。该机是 20 世纪 60 年代英国战略打击力量的中坚，直到 20 世纪 70 年代还肩负着核打击使命。此外，"火神"轰炸机还执行过海上侦察任务，甚至被改装为空中加油机。

基本参数	
机身长度	29.59 米
机身高度	8.0 米
翼展	30.3 米
空重	37144 千克
最高速度	1038 千米 / 时
相关简介	

机体设计

"火神"轰炸机采用三角形机翼，其垂尾较大，没有平尾。发动机为 4 台"奥林巴斯"301型喷气发动机，安装在翼根位置，进气口位于翼根前缘。"火神"轰炸机拥有面积很大的一副悬臂三角形中单翼，前缘后掠角50°。机身断面为圆形，机头有一个较大的雷达罩，上方是突出的座舱顶盖。座舱内坐有正副驾驶员、电子设备操作员、雷达操作员和领航员，机头下方有投弹瞄准镜。前三点起落架可收入机内，主起落架为四轮小车型。

"火神"轰炸机弹仓内部特写

实战性能

　　"火神"轰炸机是英国空军在二战后装备的三种战略轰炸机之一，也是世界上最早的三角形机翼轰炸机。该机的机腹有一个长8.5米的炸弹舱，其首要任务是核打击，当然也能实施常规轰炸，通常的挂载方案是21枚450千克炸弹，挂载在弹舱内的3个串列挂架上，交错投弹以保持重心平衡。执行核打击任务时，"火神"轰炸机可挂载"蓝色多瑙河""紫罗兰俱乐部""黄日"和"红胡子"等核弹。

发动机尾喷口特写

趣味小知识

　　1982年4月马岛战争爆发，英国空军第101中队的5架"火神"轰炸机参加了"黑羊行动"，这次行动极为疯狂，"火神"轰炸机从大西洋中部的阿森松岛怀德阿威克机场起飞轰炸马岛。

英国"勇士"轰炸机

"勇士"（Valiant）轰炸机是维克斯·阿姆斯特朗公司研制的一款战略轰炸机，一共制造了 107 架，从 1955 年服役至 1965 年。

研发历史

1947 年 1 月，英国空军部向英国各大飞机制造商发出了方案征集邀请，目标是研制一种可以和美国、苏联所拥有的同类型战机相媲美的喷气式中程轰炸机。汉德利·佩季公司和阿芙罗公司两家提出的方案均被采纳，这就是日后鼎鼎大名的"3V 轰炸机"中的两位主力成员："胜利者"轰炸机和"火神"轰炸机。维克斯·阿姆斯特朗公司不甘心就此放弃，其首席设计师乔治·爱德华兹向英国空军部许诺，维克斯·阿姆斯特朗公司能够在 1951 年交付原型机，1953 年就可以投入批量生产。在更先进的轰炸机服役之前，维克斯·阿姆斯特朗公司完全可以帮助英国空军渡过难关。于是，在"胜利者"轰炸机和"火神"轰炸机之外，英国又有了第三种用途基本相同的轰炸机——"勇士"轰炸机。第一架生产型"勇士"轰炸机于 1953 年 12 月首次试飞，1955 年 1 月交付英国空军使用。

基本参数	
机身长度	32.99 米
机身高度	9.8 米
翼展	34.85 米
空重	34491 千克
最高速度	913 千米 / 时
相关简介	

机体设计

"勇士"轰炸机采用悬臂式上单翼设计，在两侧翼根处各安装有2台"埃汶"发动机。该机的机翼尺寸巨大，所以翼根的相对厚度被控制在12%，以利于空气动力学。"勇士"轰炸机的机组成员为5人，包括正副驾驶、2名领航员和1名电子设备操作员。所有的成员都被安置在一个蛋形的增压舱内，不过只有正副驾驶员拥有弹射座椅，所以在发生事故或被击落时，其他机组成员只能通过跳伞逃生。

机翼特写

实战性能

"勇士"轰炸机可以在弹舱内挂载1枚4500千克的核弹或者21枚450千克常规炸弹。此外，它还可以在两侧翼下各携带1个7500升的副油箱，用于增大飞机航程。"勇士"轰炸机的发动机保养和维修比较麻烦，且一旦某台发动机发生故障，很可能会影响到紧邻它的另一台发动机。

起落架特写

趣味小知识

1956年10月11日，一架"勇士"轰炸机在澳大利亚马拉林加靶场上空投下了一枚3000吨当量的"蓝色多瑙河"核弹，核弹在约230米高度成功起爆，英国核武器的第一次空投试验宣告成功，"勇士"轰炸机也因此被载入史册。

英国"胜利者"轰炸机

　　"胜利者"（Victor）轰炸机是汉德利·佩季公司研制的四发战略轰炸机，一共制造了86架，从1958年服役至1993年。

研发历史

　　汉德利·佩季公司曾在二战中成功推出了"哈利法克斯"轰炸机，战争结束后，汉德利·佩季公司开始将目光投向新式的先进轰炸机，英国空军部对此颇感兴趣。1949年，英国空军部与汉德利·佩季公司签订了原型机研制合同，共制造2架原型机。在汉德利·佩季公司内部，最初的设计编号为HP.75，后发展成HP.80，最后定名为"胜利者"轰炸机。该机于1952年12月24日首次试飞，1958年4月开始服役。

基本参数	
机身长度	35.05 米
机身高度	8.57 米
翼展	33.53 米
空重	40468 千克
最高速度	1009 千米 / 时
相关简介	

机体设计

　　"胜利者"轰炸机采用月牙形机翼和高平尾布局，4台发动机安装于翼根，采用两侧翼根进气。由于机鼻雷达占据了机鼻下部的非密封隔舱，座舱一直延伸到机鼻，提供了更大的空间和更佳的视野。该机的机身采用全金属半硬壳式破损安全结构，中部弹舱门用液压装置开闭，尾锥两侧是液压操纵的减速板。尾翼为全金属悬臂式结构，采用带上反角的高平尾，以避开发动机喷流的影响。垂尾和平尾前缘均使用电加热除冰。

实战性能

作为"3V 轰炸机"中最后服役的型号，"胜利者"轰炸机的弹舱容积比"勇士"轰炸机和"火神"轰炸机更大，提供了更好的传统武器搭载能力与特殊弹药搭载弹性。"胜利者"轰炸机没有固定武器，可在机腹下以半埋式挂载 1 枚"蓝剑"核导弹，或在弹舱内装载 35 枚 454 千克常规炸弹，也可在机翼下挂载 4 枚美制"天弩"空对地导弹（机翼下每侧 2 枚）。

驾驶舱侧面特写

头部特写

趣味小知识

汉德利•佩季公司的试飞员经常驾驶"胜利者"轰炸机跟英国国防部开玩笑：在北海的试飞完毕后故意与地面指挥中心失去联系，然后利用飞机高空高速的卓越性能突破英国的防空网。当时英国空军只有一种飞机—美制 F-101"巫毒"战斗机能够拦截它们，其脆弱的防空体系可见一斑，但这恰恰反映了"胜利者"轰炸机的优秀性能。

法国"幻影Ⅳ"轰炸机

"幻影Ⅳ"（Mirage Ⅳ）轰炸机是达索公司研制的一款双发超音速战略轰炸机，一共制造了66架，从1964年服役至2005年。

研发历史

1956年，法国为建立独立的核威慑力量，在优先研发导弹的同时，也由空军负责研制一种能携带原子弹执行核攻击的轰炸机。南方飞机公司和达索航空公司展开了竞争，前者推出了轻型轰炸机"秃鹰Ⅱ"的改进型"超秃鹰4060"轰炸机，后者研制"幻影Ⅲ"战斗机的发展型"幻影Ⅳ"轰炸机。法国空军最后选中了"幻影Ⅳ"轰炸机，该机于1959年6月17日首次试飞，1964年10月1日开始服役。

基本参数	
机身长度	23.49米
机身高度	5.4米
翼展	11.85米
空重	14500千克
最高速度	2340千米/时
相关简介	

机体设计

"幻影Ⅳ"轰炸机沿用了"幻影"系列传统的无尾大三角翼的布局，机翼为全金属结构的悬臂式三角形中单翼，前缘后掠角60°，主梁与机身垂直，后缘处有两根辅助梁，与前缘大致平行。机身为全金属半硬壳式结构，机头前端是空中加油受油管。机身前端下方是前起落架舱，起落架为液压收放前三点式，前起落架为双轮，可操纵转向，向后收入机身。主起落架采用四轮小车式，可向内收入机身。

▌▌▌▶ ★ 实战性能

"幻影Ⅳ"轰炸机主要用于携带核弹或核巡航导弹高速突破防守，攻击敌方战略目标。该机体型较小，堪称世界上最小巧的超音速战略轰炸机。总体来说，"幻影Ⅳ"轰炸机尽管很有特色，但与美苏先进的战略轰炸机相比，明显偏小的体型难以形成强大的威慑力。该机的主要武器为半埋在机腹下的1枚AN-11或AN-22核弹，或16枚454千克常规炸弹，或1枚ASMP空对地核打击导弹。

腹部特写

尾喷口特写

🎖 趣味小知识

"幻影Ⅳ"轰炸机还有侦察改型，其最大优势是能超低空飞行，可拍摄山腰的侧面，从而发现隐蔽其中的山洞。

Chapter 05

战斗轰炸机

战斗轰炸机，也称作歼击轰炸机或战斗攻击机，是海军航空兵主要用于突击敌方战役战术纵深中的地面、水面目标，并具有空战自卫能力的飞机。随着机载电子设备的不断改进和反舰导弹的广泛使用，战斗轰炸机的对海作战能力有了很大的提高。

美国 F7F "虎猫" 战斗轰炸机

F7F "虎猫"（F7F Tigercat）战斗轰炸机是格鲁曼公司研制的一款战斗轰炸机，因临近二战结束，故产量很少。该机共制造了 364 架，从 1944 年服役至 1954 年。

机翼折叠部位特写　　　　　　　　驾驶舱外部特写

研发历史

1943 年 10 月，首架 XF7F 原型机完成制造并开始进行地面静态测试。同年 11 月 2 日，原型机进行了首次地面高速滑跑试验。次日，飞机正式进行了约 20 分钟的首次试飞。1944 年初，当 XF7F 的试飞工作仍在进行时，格鲁曼公司就接到了美国海军采购数量达 500 架的正式订单，同时飞机也被正式命名为 F7F "虎猫" 战斗轰炸机。1944 年 4 月 29 日，"虎猫" 战斗轰炸机的第一批生产型飞机 F7F-1 开始交付使用。

基本参数	
机身长度	13.8 米
机身高度	5.1 米
翼展	15.7 米
空重	7380 千克
最高速度	740 千米/时
相关简介	

实战性能

F7F 战斗轰炸机原本是为了 45000 吨的 "中途岛" 级航空母舰而设计。该机采用全金属悬臂结构，并拥有较强的火力：4 门 20 毫米机炮、4 挺 12.7 毫米机枪，还能携带 2 枚 454 千克的炸弹或者 1 枚鱼雷。

趣味小知识

1944 年，F7F 战斗轰炸机在进行航空母舰甲板起降评估测试期间，还和另一种因被判定 "不适宜在航空母舰上起降" 而不得不在费城海军飞机工厂继续接受测试的战斗机—沃特 F4U "海盗" 战斗机进行了一次对比试飞。

美国 F-84 "雷电喷气" 战斗轰炸机

F-84 "雷电喷气"（F-84 Thunderjet）战斗轰炸机是美国最早大量使用的一款单座喷气式战斗轰炸机，也是美国第一种能运载战术核武器的喷气式战斗机。该机共制造了7524架，从1947年服役至1974年。

驾驶舱外部特写　　　　　　　　　　头部特写

研发历史

F-84 战斗轰炸机于1946年2月首次试飞，1947年6月开始批量生产。该机有A、B、C、D、E、F、G、H、J等十多种机型，其中性能最好的是后掠翼版本的F型，这也是 F-84 战斗轰炸机的后期标准型号。F-84F 战斗轰炸机于1951年11月首次试飞，除装备美国空军外，北约各国也有使用。

基本参数	
机身长度	10.24 米
机身高度	13.23 米
翼展	4.39 米
空重	5200 千克
最高速度	1059 千米 / 时
相关简介	

实战性能

F-84 战斗轰炸机的固定武器为6挺12.7毫米机枪，4挺在前机身上方，2挺在机翼内。4个翼下挂架最多可以携带1814千克炸弹。后期的 F-84 战斗轰炸机在起落架外侧的机翼下方增加了8枚12.7毫米火箭弹的可收放发射架。

趣味小知识

1953年5月25日，美国空军"雷鸟"表演队在亚利桑那州卢克空军基地组建，仅两周后就开始表演。该表演队装备的第一种喷气式飞机就是 F-84 战斗轰炸机。

美国 F-100 "超佩刀" 战斗轰炸机

F-100 "超佩刀"（F-100 Super Sabre）是北美飞机公司研制的世界上第一款实用化的具有超音速平飞能力的超音速战机，一共制造了 2294 架，从 1954 年服役至 1979 年。

驾驶舱内部特写

头部特写

基本参数	
机身长度	14.36 米
机身高度	4.68 米
翼展	11.82 米
空重	9500 千克
最高速度	1390 千米 / 时
相关简介	

研发历史

早在 1949 年成功推出了 F-86 "佩刀" 战斗机之后，雄心勃勃的北美飞机公司就开始将设计目标瞄准超音速战机。他们决心研制世界上第一种可以在平飞中超过音速的实用型战机，其结果就是 F-100 战斗轰炸机。该机于 1953 年 5 月首次试飞，1954 年 9 月开始服役。

实战性能

F-100 最初是作为接替 F-86 战斗机的高性能超音速战斗机而设计的，然而在其服役生涯中，F-100 常被作为战斗轰炸机使用。该机是第一种在机身重要结构上采用钛合金的飞机，由于进气口扁圆，机头上部线条明显下倾，从而使得 F-100 具有较好的前下方视野，也为其日后发展成战斗轰炸机提供了客观条件。该机安装有4 门 20 毫米机炮，机翼下有 6 个挂架，共可挂载 3200 千克载荷。

趣味小知识

1953 年 10 月 29 日，美国空军皮特·埃文斯特上校驾驶 YF-100A 战斗轰炸机在 15 千米航段上创造了 755.149 英里 / 时（1215.295 千米 / 时）的世界飞行速度纪录，成功地将第一的宝座从美国海军手里夺了回来。

美国 F-105 "雷公" 战斗轰炸机

F-105 "雷公"（F-105 Thunderchief）战斗轰炸机是共和飞机公司研制的一款超音速战斗轰炸机，一共制造了 833 架，从 1958 年服役至 1984 年。

尾喷口特写

驾驶舱仪表盘特写

基本参数	
机身长度	19.63 米
机身高度	5.99 米
翼展	10.65 米
空重	12470 千克
最高速度	2208 千米 / 时
相关简介	

研发历史

F-105 战斗轰炸机于 1951 年开始设计，1955 年 10 月完成首次试飞，1958 年装备部队。美国空军于 1957 年又进一步发展出了全天候改进型 F-105D，1960 年装备部队。直到 1984 年，所有的 F-105 战斗轰炸机退出了现役。

实战性能

虽然 F-105 的定位是战斗轰炸机，但主要用于对地攻击，空战性能较差。该机的机身前部左侧安装有 1 门 20 毫米六管机炮，备弹 1028 发。弹舱内可挂载 1 枚 1000 千克或 4 枚 110 千克的炸弹或核弹。机翼下有 4 个挂架，机腹下有 1 个挂架，可按照各种方案携带核弹和常规炸弹、空对地导弹或空对空导弹。

趣味小知识

在常规作战中，F-105 战斗轰炸机通常携带大量常规炸弹从中高度进入并对一个或多个战术目标进行常规轰炸。通常 F-105 战斗轰炸机以四机为一组、多批次从 5000 米左右的高度进入战区，到目标区域时下降高度，以盘旋的方式飞行轮番对目标进行俯冲轰炸。

美国 F-107 "终极佩刀" 战斗轰炸机

F-107 "终极佩刀"（F-107 Ultra Sabre）战斗轰炸机是北美飞机公司在 F-100 "超佩刀"战斗轰炸机基础上研制的一款超音速战斗轰炸机。其设计目的是以超音速突入防线进行核攻击，共制造了 3 架，仅作为试验机服役。

背部进气道特写

腹部特写

研发历史

20 世纪 50 年代，为了进一步改进 F-100，北美飞机公司发起了两个改进计划：作为战斗轰炸机的 NA212（内部代号 F-100B）和作为截击机的 NA211（内部代号 F-100I）。两款飞机都是基于 F-100A 的机体设计，并使用了改进型的 J57 发动机。美国空军对作为截击机的 NA211 反应冷淡，但对战斗轰炸型的 NA212 很感兴趣。1954 年 6 月，美国空军订购了第一批 35 架 F-100B。同年 / 月 8 日，F-100B 被正式改名为 YF-107A，因为美国空军认为它比起 F-100 的变化大到足以认为是一个新的型号。该机以罕见的背部进气方式而闻名，但也带来太多技术困难，而在美国空军的竞标中败给了与其相似的 F-105 "雷公"战斗轰炸机，并最终成为了美国国家航空航天局（NASA）的试验机。

基本参数	
机身长度	18.85 米
机身高度	5.89 米
翼展	11.15 米
空重	10295 千克
最高速度	2084 千米 / 时
相关简介	

实战性能

F-107 战斗轰炸机维持了 F-100 战斗轰炸机的基本后掠翼式布局，但换用了更薄的翼型。为了适应超音速飞行，F-107 战斗轰炸机还使用了全动垂尾，并且取消了副翼，使用机翼上的扰流板来控制滚转运动。该机安装有 4 门 20 毫米 M39 机炮，每门备弹 200 发。机翼下共有 4 个挂架，机腹下有 1 个挂架，该机总共可挂载 4500 千克炸弹。

美国 F-111 "土豚" 战斗轰炸机

F-111 "土豚"（F-111 Aardvark）战斗轰炸机是通用动力公司研制的一款战斗轰炸机，一共制造了 563 架，从 1967 年服役至 1996 年。

起落架特写

驾驶舱仪表盘特写

基本参数	
机身长度	22.4 米
机身高度	5.22 米
翼展	19.2 米
空重	21537 千克
最高速度	2655 千米 / 时
相关简介	

研发历史

F-111 战斗轰炸机于 1960 年开始研发，1967 年首次试飞。当时美国空军的设计需求是一架能够全天候、以低空高速进行远程攻击的战术轰炸机，而美国海军的需求则是一架能够长时间滞空的舰队防空用截击机。然而，研发中的许多问题导致舰载截击机版本的设计（F-111B）没有实现，F-111 战斗轰炸机最后仅被美国空军采用。

实战性能

F-111 战斗轰炸机是世界上最早的实用型变后掠翼飞机，主要用于夜间、复杂气象条件下执行遮断和核攻击任务。该机拥有诸多的创新技术，包含几何可变翼、后燃器、涡轮扇发动机和低空地形追踪雷达等。F-111 战斗轰炸机的固定武器为 1 门 20 毫米 M61A1 机炮，另有 1 个机腹弹仓和 8 个翼下挂架，可携带普通炸弹、导弹和核弹等。

趣味小知识

1986 年 4 月 14 日，在美军轰炸利比亚的行动中，莱肯希思第 48TFW 的 24 架 F-111F 作为先锋使用激光制导炸弹轰炸了的黎波里的目标，领机是 70-2390，一架 F-111F（70-2389）被高炮击落。

美国 F-15E "攻击鹰" 战斗轰炸机

F-15E "攻击鹰"（F-15E Strike Eagle）战斗轰炸机是麦道公司在 F-15 "鹰"式战斗机的基础上改进而来的双座超音速战斗轰炸机，从 1989 年开始服役，截至 2019 年 4 月共制造了 420 架。

研发历史

1981 年 3 月，美国空军发布"增强型战术战斗机"（Enhanced Tactical Fighter，ETF）计划，用以取代 F-111 战斗轰炸机。通用动力公司提交的机型是 F-16XL，用以与麦道公司的 F-15 衍生型 F-15E 竞争，最后由 F-15E 获选。F-15E 于 1986 年 12 月首次试飞，而第一架生产型于 1988 年 4 月交付使用。1989 年 10 月，F-15E 在北卡罗来纳州的山缪强森空军基地达到初始作战能力。另外，F-15E 的衍生型也包括以色列的 F-15I、沙特阿拉伯的 F-15S、韩国的 F-15K、新加坡的 F-15T 等机型。

基本参数	
机身长度	19.43 米
机身高度	5.63 米
翼展	13.05 米
空重	14515 千克
最高速度	3060 千米 / 时
相关简介	

实战性能

F-15E 战斗轰炸机兼具对地攻击和空战能力，其外形与 F-15D 战斗机基本相同，主要区别在于 F-15E 重新设计了发动机舱以及部分结构，使航程增加了

33%。F-15E 战斗轰炸机的固定武器为 1 门 20 毫米 M61A1 机炮，机翼挂架和机腹挂架可携带 10400 千克炸弹。

驾驶舱外部特写

发动机尾喷口特写

F-15E 战斗轰炸机在低空飞行

趣味小知识

　　F-15E 战斗轰炸机在"沙漠风暴"行动中，完成了上千次的行动，并且以摄影机拍下炸弹攻击的影像。只有两架 F-15E 战斗轰炸机在战斗中损失。

俄罗斯苏-7"装配匠A"战斗轰炸机

苏-7战斗轰炸机是苏霍伊设计局研制的后掠翼喷气式单座单发战斗轰炸机，北约代号为"装配匠A"（Fitter-A）。该机共制造了1847架，从1959年服役至1986年。

头部特写

尾部特写

基本参数	
机身长度	16.8米
机身高度	4.99米
翼展	9.31米
空重	8937千克
最高速度	1150千米/时
相关简介	

研发历史

1956年6月，苏-7战斗轰炸机的第一架原型机在图希诺航展上公开亮相。同年秋季，第二架原型机制造完毕，10月起开始试飞。1959年，苏-7战斗轰炸机正式服役。除苏联本国使用外，还出口到印度、捷克斯洛伐克、匈牙利、波兰、罗马尼亚、埃及、秘鲁、伊拉克等国家。

实战性能

苏-7战斗轰炸机有较高的推重比，中高空机动性能较好。不过，苏-7战斗轰炸机对跑道要求较高，早期机型不能在野战机场中使用。作为战斗轰炸机，该机没有配备雷达，只有简单的航空电子系统。苏-7战斗轰炸机的固定武器为2门30毫米机炮，每门备弹70发。机翼和机腹下共有6个挂架，可携带火箭弹、炸弹等执行对地支援任务。苏-7战斗轰炸机后期型号可投放战术核武器，是第一种具备这种能力的苏联战斗机。

趣味小知识

为向苏联盟国提供战机，苏霍伊设计局于20世纪60年代中期开始研制一种专供出口的型号。1966年3月，原型机制造完毕。经验收合格后，1967年起该机被冠以苏-7BMK的名称投入生产。

俄罗斯苏 -24 "击剑手" 战斗轰炸机

苏 -24 战斗轰炸机是苏霍伊设计局研制的一款变后掠翼双座战斗轰炸机，北约代号为"击剑手"（Fencer）。该机一共制造了 1400 架左右，从 1974 年服役至今。

头部特写　　　　　　左侧机翼特写

基本参数	
机身长度	22.53 米
机身高度	6.19 米
翼展	17.64 米
空重	22300 千克
最高速度	1315 千米 / 时
相关简介	

研发历史

苏 -24 战斗轰炸机的发展可追溯到 1964 年，当时苏霍伊设计局提供了两种设计，分别为固定翼和可变后掠翼。1967 年 6 月，固定翼的原型机率先试飞。1968年 8 月，苏联航空部决定改用可变后掠翼方案。1969 年年底，可变后掠翼的原型机完成，1970 年 1 月首次试飞。此后，苏霍伊设计局又相继制造了两架原型机。1974 年，苏 -24 战斗轰炸机正式服役。

实战性能

苏 -24 是苏联第一种能进行空中加油的战斗轰炸机，其机翼后掠角的可变范围为 16°~70°，起飞、着陆使用 16°，对地攻击或空战时为 45°，高速飞行时为 70°。苏 -24 的机翼变后掠的操纵方式比米格 -23 战斗机的手动式先进，但还达不到美国 F-14 战斗机的水平。苏 -24 战斗轰炸机安装有惯性导航系统，飞机能远距离飞行而不需要地面引导，这是苏联飞机能力的新发展。该机安装有 2 门 30 毫米机炮，该机有 8 个挂架，最大载弹量为 7000 千克。

趣味小知识

1984 年在苏联武装入侵阿富汗期间，苏 -24 战斗轰炸机执行了掩护地面部队突进的任务。

俄罗斯苏-34"后卫"战斗轰炸机

苏-34战斗轰炸机是苏霍伊设计局研制的一款双发重型战斗轰炸机，北约代号为"后卫"（Fullback）。该机从2014年开始服役，截至2019年4月共制造了127架。

起落架特写　　　　　　　　　　　　　　　　　　　　发动机尾喷口特写

研发历史

苏-34战斗轰炸机是由苏-27重型战斗机改进而成，其最初型号为代号苏-27IB的试验机，试验机于1990年4月首次试飞，预生产型于1993年12月首次试飞。由于经费原因，原本于2002年全面列装的计划不得不推迟，直到2007年7月俄罗斯国防部才宣布正式接收苏-34战斗轰炸机。

基本参数	
机身长度	23.34米
机身高度	6.09米
翼展	14.7米
空重	14000千克
最高速度	2200千米/时
相关简介	

实战性能

苏-34战斗轰炸机采用了许多先进的装备，包括装甲座舱、液晶显示器、新型数据链、新型火控计算机、后视雷达等。为了适应轰炸任务，该机在座舱外加装了厚达17毫米的钛合金装甲。苏-34战斗轰炸机拥有12个外部挂架，可挂载大量导弹、炸弹和各类荚舱，具备多任务能力。此外，该机还加强了起落架的负载能力，其双轮起落架使其具备在前线野战机场降落的能力，大大增强了作战灵活性。

趣味小知识

苏-34战斗轰炸机的第一次实战是在2008年的南奥塞梯冲突中执行了空中电子压制任务。

法国"神秘Ⅳ A"战斗轰炸机

"神秘Ⅳ"战斗轰炸机是达索公司研制的一款喷气式战斗轰炸机，共制造了421架。

机鼻部位特写　　　　尾翼特写

研发历史

20世纪40年代后期，为了能够突破音障，达索公司着手进行了一项新机的研制计划，其结果就是"神秘"战斗机。在此基础上，达索公司先后研制了"神秘Ⅱ""神秘ⅡA""神秘ⅡB"和"神秘ⅡC"等多种战机。20世纪50年代初，达索公司曾试飞过一架机头安装雷达，进气口移往机身两侧的串列双座夜间战斗机，也就是"神秘Ⅲ"。紧接着，"神秘Ⅲ"马上就被更先进的"神秘Ⅳ A"所替代，后者于1953年7月首次试飞，恢复了传统的机头进气形式设计。

基本参数	
机身长度	12.89 米
机身高度	4.6 米
翼展	11.12 米
空重	5860 千克
最高速度	1110 千米 / 时
相关简介	

实战性能

与以往的"神秘"系列战机相比，"神秘Ⅳ A"战斗轰炸机改用了更加后掠、厚度更薄的高速机翼，一台小型射击火控雷达安装在机头进气口竖隔墙中央的尖锥体内。该机主要在昼间使用，固定武器为2门30毫米机炮，翼下4部挂架可挂载4枚225千克炸弹或4个19孔37毫米火箭发射巢或副油箱。

> **趣味小知识**
>
> 以色列进口了"神秘Ⅳ A"战斗轰炸机，在1956年的"十月战争"中用于进攻西奈半岛。

法国"幻影5"战斗轰炸机

"幻影5"（Mirage 5）战斗轰炸机是达索公司研制的一款单座单发战斗轰炸机，一共制造了582架。

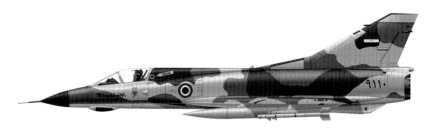

研发历史

"幻影5"战斗轰炸机是专为出口而设计的，具有较好的性能和适中的价格，获得十余个国家和地区的订货，法国空军也有少量装备。该机于1967年5月19日首次试飞，到1986年年底各型订货总数达582架，于1988年停产。除法国外，使用"幻影5"战斗轰炸机的国家还有比利时、埃及、阿根廷、利比亚等。

基本参数	
机身长度	15.55米
机身高度	4.5米
翼展	8.22米
空重	7150千克
最高速度	2350千米/时
相关简介	

实战性能

"幻影5"战斗轰炸机主要用于对地攻击，也可执行截击任务。该机是在"幻影ⅢE"战斗机基础上改型而来的，采用其体和发动机，加长了机鼻，简化了电子设备，增加470升燃油，提高了外挂能力，可在简易机场起落。"幻影5"战斗轰炸机的固定武器为2门30毫米机炮，7个外挂点的载弹量达到4000千克。

趣味小知识

以色列在"幻影5"战斗轰炸机的基础上研制出了"幼狮"战斗机，改进了其发动机，更符合空气动力学的机身和电子装置。

西班牙 HA-1112 "鹅鸼" 战斗轰炸机

HA-1112 "鹅鸼"（HA-1112 Buchon）战斗轰炸机是西班牙希斯潘诺公司研制的一款战斗轰炸机，一共制造了239架，从1945年服役至1965年。

研发历史

虽然西班牙政府早在1942年就和梅塞施密特公司达成了引进生产 Bf-109 G2 战斗机的协议，但由于技术图纸转交不全和缺乏合适的模具，一直到1945年希斯潘诺公司才生产出了首架飞机。与德国原产的 Bf-109 G2 战斗机相比，西班牙生产的飞机最大特点是没有使用戴姆勒－奔驰 DB605 发动机，转而使用法国生产的伊斯帕诺－絮扎 HA12Z17 发动机。

基本参数	
机身长度	8.49 米
机身高度	2.6 米
翼展	9.92 米
空重	2475 千克
最高速度	600 千米/时
相关简介	

实战性能

虽然 HA-1112 战斗轰炸机在尚未服役之前就已经落后于问世不久的喷气式战斗机，但西班牙人仍然认为这种飞机是一种优秀的战斗轰炸机。该机的机翼上安装有2门20毫米机炮，机身和翼下可挂载多种炸弹或火箭弹。

趣味小知识

20世纪60年代，HA-1112战斗轰炸机参与了一系列战争电影的拍摄，并在其中扮演德国空军的Bf-109E和Bf-109G战斗机。这些电影包括《不列颠之战》《孟菲斯美女号》《黑色轰炸机》和《非洲之星》等。

印度 HF-24 "风神" 战斗轰炸机

HF-24 "风神" （HF-24 Marut） 战斗轰炸机是印度于 20 世纪 50 年代研制的一款多用途战机，共制造了 147 架，从 1967 年服役至 1990 年。

尾翼特写

驾驶舱外部特写

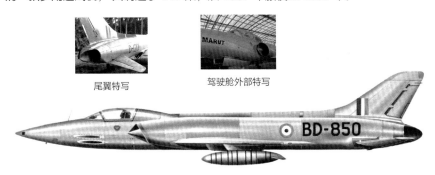

▶ 研发历史

HF-24 战斗轰炸机是印度第一款自主设计的战机，研制工作始于 1956 年，第一架原型机于 1961 年 6 月 17 日首次试飞。自 1963 年 4 月开始，首批 18 架预生产型 HF-24 Mk1 进入服役测试。随后印度斯坦航空公司于 1967 年 11 月开始向印度空军交付 112 架生产型 HF-24 战斗轰炸机。

▶ 实战性能

HF-24 战斗轰炸机安装有 4 门 30 毫米机炮，每门备弹 130 发。翼下 4 个挂架的最大挂载量为 1800 千克，可以挂载普通炸弹、凝固汽油弹、火箭发射器或 454 升副油箱。由于机炮射击时震动严重，每次双炮射击后都要重新调整瞄准镜。

基本参数	
机身长度	15.87 米
机身高度	3.6 米
翼展	9 米
空重	6195 千克
最高速度	1112 千米 / 时
相关简介	

趣味小知识

HF-24 战斗轰炸机的多数仪表来自英国，也有法国、瑞典和美国的产品。

Chapter 06

反潜机

　　反潜机泛指担任搜索、标定与攻击潜艇的军用飞机。常见的反潜机有固定翼飞机或直升机两种形态，有的从陆地机场起降，也有的从水面舰艇起降。反潜机具有快速、机动的特点，能在短时间内居高临下地进行大面积搜索。

美国 P-3 "猎户座"反潜巡逻机

P-3 "猎户座"（P-3 Orion）反潜巡逻机是洛克希德公司（现洛克希德·马丁公司）研制的海上巡逻和反潜飞机，一共制造了 757 架，从 1962 年服役至今。

研发历史

1957 年 8 月，美国海军开始寻找 P-2 "海王星"反潜巡逻机的后继机，为此发布了新的高性能反潜机的设计草案。为了早日列装，同时也节省一些经费，美国海军建议制造商们通过改进现有的飞机以满足这一要求。因此，洛克希德公司选择在 L-188 "伊莱克特拉"民航客机的基础上设计新型反潜巡逻机。洛克希德公司于 1958 年中标，同年 8 月 9 日气动原型机首次试飞，搭载全部设备的 YP-3A 于 1959 年 11 月 25 日试飞。1962 年 8 月，P-3 反潜巡逻机正式服役。该机于 1990 年停止生产，洛克希德公司一共生产了 650 架，日本川崎重工业公司通过授权生产了 107 架。

基本参数	
机身长度	35.61 米
机身高度	10.27 米
翼展	30.37 米
空重	27890 千克
最高速度	761 千米 / 时
相关简介	

机体设计

P-3 反潜巡逻机保留了 "伊莱克特拉"客机的机翼、尾部、动力系统、大部分机身设计和很多其他主要组件。不过，P-3 反潜巡逻机的机身比 "伊莱克特拉"客机短 2.1 米左右，有 1 个内置武器舱，里面放置的是用于反潜作战的航空电子设备。

P-3 反潜巡逻机采用正常式布局，悬臂下单翼，传统铝合金结构，按破损安全原则设计增压机舱。

实战性能

P-3 反潜巡逻机的机载电子设备功能强大，有 AN/APS-115 机载搜索雷达、LTN-72 惯性导航和 AN/APN-227 远程导航系统、AN/ASW 飞行控制系统、AN/ASQ-114 通用资料计算机、AN/AYA-8 资料处理设备和计算机控制显示系统、AQS 磁异探测器、ASA-64 水下异常探测器、ARR-72 声呐信号接收机、AN/ACQ-5 数据链，以及 ALQ-64 电子对抗设备等。机翼前有一个 3.91 米长的弹舱，机翼下有 10 个挂架，可以携带 AGM-65 空对地导弹、AGM-84 反舰导弹、Mk 46 鱼雷、Mk 50 鱼雷、MU-90 鱼雷以及深水炸弹、水雷等武器，还可以携带各种声呐浮标、水上浮标和照明弹等。

头部特写

起落架特写

趣味小知识

1987 年 9 月 13 日，挪威空军的一架 P-3B 反潜巡逻机在巴伦支海苏联沿岸执行侦察任务时，遭遇苏联空军第 10 防空军第 941 飞行团的一架苏-27 战斗机拦截。苏-27 三次逼近 P-3B，第三次逼近 P-3B 时，从 P-3B 的右翼下方高速掠过，用垂直尾翼在 P-3B 的右侧的一号发动机上，像手术刀一般划开了一个大口子，造成右外发动机当即宕机，P-3B 险些坠毁，而苏联战机则因垂尾损坏很快返航。

美国 P-8 "波塞冬" 反潜巡逻机

　　P-8 "波塞冬" 反潜巡逻机是波音公司研制的一款反潜巡逻机，2013 年开始服役，截至 2019 年 4 月一共制造了 106 架。

基本参数	
机身长度	39.47 米
机身高度	12.83 米
翼展	37.94 米
空重	62730 千克
最高速度	907 千米 / 时
相关简介	

研发历史

　　21 世纪初，美国海军计划发展新一代反潜巡逻机。2004 年 6 月，美国海军比较了波音公司与洛克希德·马丁两家公司规划案在技术、管理、经费、时程等方面的差异后，宣布由波音公司赢得总金额 39 亿美元的系统发展验证合约，并制造 5 架全尺寸原型机和 2 架生产型飞机。2005 年 3 月，美国海军为新型反潜巡逻机赋予 P-8 编号，2005 年 11 月完成初步设计审查。2009 年 4 月，P-8 反潜巡逻机首次试飞。2013 年 11 月，P-8 反潜巡逻机进入美国海军服役。此外，该机还被澳大利亚空军、印度海军、挪威空军、英国空军采用。

机体设计

　　P-8 反潜巡逻机的设计源自波音 737 客机，它比 P-3 反潜巡逻机的螺旋桨动力有更大效能和巡航力，平均高出 30%。P-8 反潜巡逻机的机身采用铝合金半硬壳式结构，起落架为液压可收放前三点式，应急时可依靠重力自行放下。机翼采用悬臂式中单翼，机翼结构为铝合金破损安全设计的抗扭盒形结构。尾翼、方向舵、升降舵等处广泛采用了玻璃钢结构。

实战性能

与 P-3 反潜巡逻机相比，P-8 反潜巡逻机内部的大空间能安装更多设备，翼下也能挂载更多武器。P-8 反潜巡逻机有 5 个内置武器挂载点与 6 个外置武器挂载点，可以使用 AGM-84"鱼叉"反舰导弹和 AGM-65"小牛"空对地导弹，还可挂载 15000 千克炸弹、鱼雷或水雷等武器。该机安装有雷神公司研制的 AN/APY-10 雷达，具有 6 种不同的工作模式。

驾驶舱特写

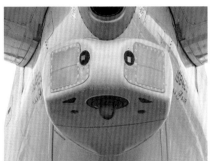
尾部特写

美国海军 P-8 反潜巡逻机

趣味小知识

2014 年，从马航 MH370 客机失联后的第一天起，东南亚地区的海军就派出了海上巡逻机来搜救这架飞机以及任何可能的幸存者。美国海军派出了最先进的 P-8A 巡逻机。

美国 S-2 "搜索者" 反潜机

S-2 "搜索者"（S-2 Tracker）反潜机是格鲁曼公司研制的舰载双发反潜机，一共制造了 1284 架，从 1954 年服役至今。

驾驶舱内部特写

发动机螺旋桨特写

⫸ 研发历史

S-2 反潜机由格鲁曼公司于 20 世纪 50 年代早期为美国海军开始研制，1952 年 12 月 4 日首次试飞，1954 年开始在美国海军服役，是美国海军 20 世纪 50 年代至 70 年代的主要舰载反潜机。该机有十多个型别，除了装备美国海军，还出口到巴西、日本、加拿大、阿根廷等国。

基本参数	
机身长度	13.26 米
机身高度	5.33 米
翼展	22.12 米
空重	8310 千克
最高速度	450 千米 / 时
相关简介	

⫸ 实战性能

S-2 反潜机是一种集搜索与攻击于一身的反潜作战飞机，可以挂载鱼雷与深水炸弹。该机安装有 2 台莱特 R-1820-82WA 发动机，反潜设备为 AN/APS-38 对海雷达与 AQS-10 磁异侦测器，雷达可侦测到 16~32 千米距离外的潜舰呼吸管，磁异侦测器则安装在机尾 1 根可伸缩 4.8 米的长杆上，可以侦测 300 米深的异常磁场信号。电子战设备为 AN/APA-69 干扰器，安装在驾驶舱上方。

趣味小知识

英阿马岛战争时期，阿根廷海军曾将 S-2 反潜机部署于"五月二十五日"号航空母舰上。

美国 S-3 "维京" 反潜机

S-3 "维京"（S-3 Viking）反潜机是洛克希德公司（现洛克希德·马丁公司）研制的双发喷气式反潜机，一共制造了 188 架，从 1974 年服役至 2016 年。

研发历史

S-3 反潜机是针对美国海军 20 世纪 70 年代后半期反潜任务而设计的舰载反潜机，用以取代 S-2 反潜机，以配合 P-3 反潜巡逻机使用。美国海军于 1967 年 12 月提出 S-3 反潜机的研制计划，1969 年 8 月 1 日与洛克希德公司签订 S-3 反潜机研制合同，1971 年 11 月 8 日原型机出厂，1972 年 1 月 12 日首次试飞，1974 年 2 月 20 日开始交付美国海军使用。该机于 1978 年停止生产，一共生产了 188 架。

基本参数	
机身长度	16.26 米
机身高度	6.93 米
翼展	20.93 米
空重	12057 千克
最高速度	795 千米 / 时
相关简介	

机体设计

S-3 反潜机采用悬臂式上单翼，在内翼下吊装 2 台涡轮风扇发动机，位置比较靠近机身，以便使用 1 台发动机进行巡航飞行，从而节省油耗。机身为全金属半硬壳式破损安全结构，分隔式武器舱带有蚌壳式舱门。外段机翼和垂直尾翼可折叠，以便于舰载。机身有两条平行的纵梁，自前起落架接头处一直伸展到着陆拦阻钩处，弹射起飞和拦阻着舰时通过这两个梁将载荷均匀分布到机身上，此梁在水上迫降或机身着舰时，起保护乘员的作用。可碎玻璃座舱盖在机身顶部，以便于在应急情况下弹射乘员。机组成员为 4 人，分别是前舱的正副驾驶和后舱的战术协调员、声呐员。

驾驶舱外部特写

实战性能

　　S-3 反潜机采用 AN/ALR-47 型 ECM 电子战系统，具有电子支援（ESM）、电子情报收集（ELINT）、雷达侦测（RWR）三种功能。该机的分隔式武器舱内备有 BRU-14/A 炸弹架，可安装 4 枚 Mk 36 空投水雷、4 枚 Mk 46 鱼雷、4 枚 Mk 82 炸弹、2 枚 Mk 57 或 4 枚 Mk 54 深水炸弹，或者安装 4 枚 Mk 53 水雷。BRU-11/A 炸弹架安装在两翼下外挂架上，可携带 SUU-44/A 照明弹发射器，Mk 52、Mk 55 或 Mk 56 水雷，Mk 20 集束炸弹，Aero 1D 副油箱，或 2 具 LAU-68A、LAU-61/A、LAU-69/A 或 LAU-10A/A 火箭巢。

翼下挂架特写

趣味小知识

　　2003 年 5 月 1 日，时任美国总统小布什在圣迭戈登上 S-3 反潜机副驾驶位置，落在"林肯"号航空母舰上，随后向全世界宣布伊拉克战争大规模作战行动结束。

美国 SH-2 "海妖" 反潜直升机

SH-2 "海妖"（SH-2 Seasprite）直升机是卡曼公司研制的一款舰载反潜直升机，一共制造了200多架，从1962年服役至今。

SH-2直升机

起落架特写

驾驶舱仪表盘特写

研发历史

SH-2直升机于1959年7月2日首次试飞，1962年12月开始服役。该直升机有UH-2B、UH-2C、HH-2C、HH-2D、SH-2D、SH-2F、SH-2G等多种衍生型。到1993年年底，仅有SH-2F、SH-2G还在服役。其中，SH-2G是"海妖"系列最后一种改进型，被称为"超海妖"（Super Seasprite）。"海妖"系列直升机的用户较多，包括美国、新西兰、澳大利亚、埃及、秘鲁、波兰等国，部分国家的SH-2G直升机仍在服役。

基本参数	
机身长度	15.9米
机身高度	4.72米
翼展	13.41米
空重	3193千克
最高速度	265千米/时
相关简介	

实战性能

SH-2直升机在机头下方安装有LN-66HP大功率水面搜索雷达，机身右侧支架上装有ASQ-81磁异探测器，机身左侧装有15个AN/SSQ-41被动声呐浮标或AN/SSQ-47主动声呐浮标。此外，该直升机还装有AN/APN-182多普勒雷达、AN/APN-171雷达高度表、AN/ARR-52A声呐浮标接收机、AN/AKT-22数据传输线路、ALR-54电子对抗设备、AN/ARN-21导航系统、AN/APX-72敌我识别器、AN/ARA-25测向器、AN/ARC-159甚高频通信设备等电子设备。SH-2直升机可携带1~2枚Mk 46或Mk 50鱼雷，每侧舱门外可安装1挺7.62毫米机枪。

美国 SH-3 "海王" 反潜直升机

SH-3 "海王"（SH-3 Sea King）直升机是西科斯基飞机公司研制的一款中型舰载直升机，从 1961 年服役至今。

研发历史

1957 年 9 月 23 日，西科斯基飞机公司获得了美国海军的初步合同，开始研制一种用于"协同反潜作战"的两栖反潜直升机。1959 年 3 月 11 日原型机首次试飞，1961 年 9 月开始交付使用。该机被西科斯基飞机公司称为 S-61 直升机，而美国海军则将其命名为 SH-3 "海王"直升机。除美国外，阿根廷、巴西、丹麦、加拿大、印度、伊朗、伊拉克、意大利、日本、马来西亚、秘鲁、沙特阿拉伯、西班牙、委内瑞拉等多个国家也采用了"海王"直升机。

基本参数	
机身长度	16.7 米
机身高度	5.13 米
翼展	19 米
空重	5382 千克
最高速度	267 千米 / 时
相关简介	

机体设计

SH-3 直升机的机身为矩形截面、船身造型，能够随时在海面降落。机身左右两侧各设 1 个浮筒以增加横侧稳定性，后三点式起落架能够收入浮筒及机身尾部。舱内可以放搜索设备或人员物资，机身侧面设有大型舱门方便装载。该机配备由 5 叶旋翼及 5 叶尾桨组成的全金属旋翼系统，旋翼桨叶由一根铝合金挤压的 D 形大梁、23 块铝合金后段件和桨尖整流罩组成。旋翼桨叶有裂纹检查装置。桨叶可以互换，可以自动折叠。旋翼桨毂为全铰接式金属结构，旋翼装有刹车装置。尾桨桨叶由铝合金蒙皮、实心前缘金属大梁及蜂窝夹芯结构组成。尾桨桨叶可单独互换。

实战性能

美国海军装备的 SH-3 直升机的主要任务为舰队反潜作战，除了侦察与追踪邻近的敌方潜艇之外，必要时也可以进行攻击任务。除了反潜之外，SH-3 直升机也经常用于执行搜救、运输、反舰与空中预警等任务。SH-3 直升机典型的武器配置为 4 枚鱼雷、4 枚水雷或 2 枚"海鹰"反舰导弹。该

尾桨特写

机具有全天候作战能力，可装载 2 名声呐员，携带声呐设备、深水炸弹和可制导鱼雷等共计 380 千克的物品，进行 4 个小时以上的海上反潜作业。

旋翼桨毂特写

趣味小知识

1962 年 5 月 24 日，当"水星-擎天神 7 号"载人太空任务的太空舱降落回地球表面时，美国海军派出 SH-3 直升机负责执行回收任务。

美国 SH-60 "海鹰"反潜直升机

SH-60"海鹰"（SH-60 Seahawk）直升机是西科斯基飞机公司研制的一款中型舰载直升机，从 1984 年服役至今。

研发历史

20 世纪 70 年代末，西科斯基飞机公司按照美国海军的需求重新打造了 UH-60"黑鹰"直升机，用以替代老化的 SH-2"海妖"直升机。1979 年 12 月，SH-60"海鹰"直升机首次试飞。1983 年 4 月，生产型开始交付使用。"海鹰"直升机有 SH-60B、CH-60E、SH-60F、HH-60H、SH-60J、MH-60R、MH-60S 等多种衍生型，其中 SH 60B 和 SH-60F 是使用最为广泛的型号。除美国外，SH-60 直升机还外销到澳大利亚、巴西、丹麦、希腊、日本、韩国、沙特阿拉伯、新加坡、西班牙、泰国、土耳其等多个国家。

基本参数	
机身长度	19.75 米
机身高度	5.2 米
翼展	16.35 米
空重	6895 千克
最高速度	270 千米 / 时
相关简介	

机体设计

SH-60 直升机与 UH-60 直升机有 83% 的零部件是通用的。由于海上作战的特殊性，SH-60 直升机的改动比较大，机身蒙皮经过特殊处理，以适应海水的腐蚀性。此外，其还增加了旋翼刹车系统和旋翼自动折叠系统。SH-60B 直升机的平尾比较特别，是方形而不是 UH-60 直升机的梯形，可向上折叠竖在垂尾两边。SH-60F 直升机是 SH-60B 直升机的航空母舰操作版本，重新设计了航空电子设备和武器系统。

实战性能

SH-60 直升机的主要反潜武器为 2 枚 Mk 46 声自导鱼雷,但在执行搜索任务时,可以将这 2 枚鱼雷换成 2 个容量为 455 升的副油箱。SH-60B 直升机和 SH-60F 直升机的主要区别在于反潜的方法不同:前者主要依赖驱逐舰上的声呐发现敌方潜艇,然后飞近可疑区域对目标精确定位并发起鱼雷攻击;后者则用于航空母舰周围的短距反潜,主要依赖其 AQS-13F 悬吊声呐探测雷达。

尾桨特写

旋翼桨毂特写

趣味小知识

SH-60 直升机在海湾战争中有着上佳的表现,为支援封锁行动运输了登岸部队,执行了扫雷巡逻、战斗搜索拯救等任务,救起了 1 名 F-16 飞行员和 1 名 AV-8B 飞行员,在特种作战中运输了“海豹”突击队员、为美国海军的水面舰艇进行了警戒。

俄罗斯别 -6 "马奇"反潜机

别 -6 "马奇"（Be-6 Madge）是别里耶夫设计局研制的一款反潜机，一共制造了 123 架，从 1950 年服役至 1968 年。

研发历史

别 -6 反潜机于 1949 年首次试飞，1950 年投入批量生产，同年开始服役，主要装备苏联海军航空队，用作海上巡逻机和反潜机等多用途。该机于 1957 年停产，一共生产了 123 架。20 世纪 60 年代后期，别 -6 反潜机退出现役。

实战性能

基本参数	
机身长度	23.5 米
机身高度	33 米
翼展	7.64 米
空重	18827 千克
最高速度	414 千米 / 时
相关简介	

别 -6 的机身如同船身，内部有水密隔舱以防止机身入水，机尾有船舵令它可在水上转弯，机翼采用海鸥翼方便将发动机抬高，避免海水影响其工作。该机安装有 2 台 ASH-72 活塞发动机，最大续航时间 16 小时，防御武器为机鼻上的 1 门和背部炮塔的 2 门 20 毫米机炮，翼下 4 个挂架也可挂载鱼雷、水雷、深水炸弹等。该机的探测设备比较简单，主要探测设备是机身下部的 1 部对海搜索雷达。

趣味小知识

1955 年，中国海军向苏联采购 6 架别 -6 反潜机，并在青岛团岛基地组建了水上飞机部队。

俄罗斯别－12"海鸥"反潜巡逻机

别－12"海鸥"（Be-12 Chayka）反潜巡逻机是别里耶夫设计局研制的一款反潜巡逻机，一共制造了143架，从1965年服役至今。

尾翼特写

头部特写

基本参数	
机身长度	30.11 米
机身高度	7.94 米
翼展	29.84 米
空重	24000 千克
最高速度	530 千米 / 时
相关简介	

研发历史

别－12反潜巡逻机的研制工作始于1956年3月。1960年11月，首架试验机在陆地机场完成了首次试飞。1961年11月，首架试验机在第5次飞行试验时失事坠毁。1962年，第二架试验机完工。1963年，别－12反潜巡逻机开始批量生产。1965年，别－12反潜巡逻机开始进入苏联海军航空兵部队服役。苏联解体后，俄罗斯和乌克兰都继承了部分别－12反潜巡逻机。此外，埃及、叙利亚和越南等国也有采用。

实战性能

与别－6反潜巡逻机相比，别－12反潜巡逻机的实战性能大幅提升。该机配备了"主动2"搜索瞄准雷达，并更新了机载无线电设备、自动驾驶仪、航向系统设备、全景接收显示器等。别－12反潜巡逻机的操作简便，可搜索跟踪距驻地700～800千米的潜艇，并用AT-1鱼雷或炸弹将目标摧毁。此外，别－12反潜巡逻机还配有2门23毫米机炮，用于自卫。

趣味小知识

在别－12反潜巡逻机中有一种加装了特种作战武器的衍生型，即别－12CK，在北约国家被冠以"铝甲"的绰号。

俄罗斯伊尔-38 "五月" 反潜巡逻机

伊尔-38 "五月"（Il-38 May）反潜巡逻机是伊留申设计局在伊尔-18 客机基础上发展而来的一款反潜巡逻机，一共制造了 58 架，从 1967 年服役至今。

基本参数	
机身长度	39.6 米
机身高度	10.16 米
翼展	37.42 米
空重	33700 千克
最高速度	724 千米/时
相关简介	

研发历史

伊尔-18 客机是伊留申设计局设计的四发涡轮螺旋桨短程客机。它与同时代的安-10 民航客机尺寸相似，但较注重装饰方面的设计。伊尔-18 客机于 1955 年开始设计，1956 年开始制造，1957 年 7 月原型机首次试飞，1959 年 4 月投入航线使用，到了 1969 年，该机已在苏联国内 800 条航线上使用。20 世纪 60 年代，伊留申设计局开始着手将伊尔-18 客机改为伊尔-38 反潜巡逻机。该机于 1961 年首次试飞，1967 开始批量制造，1969 年开始服役。到 1972 年停产时，一共制造了 65 架，包括伊尔-38M、伊尔-38MZ、伊尔-38N 等改进型号。苏联解体后，俄罗斯海军航空兵仍继续使用伊尔-38 反潜巡逻机。此外，印度海军航空兵也有购买。

实战性能

伊尔-38 反潜巡逻机的巡逻范围包括北极和冰岛等广大区域，其作战任务系统称为 "别尔库特"（Berkut）系统，该系统的雷达对大型舰艇的探测距离达到了250 千米。伊尔-38 反潜巡逻机配备了 RGB-1、RGB-2、RGB-3 声呐浮标，并可使用 AT-2 鱼雷和 RYU-2 核深水炸弹。部分伊尔-38 反潜巡逻机后来改装了 "诺韦拉"（Novella）作战系统，并可使用 KAB-500PL 制导深水炸弹或新型主动声呐浮标。

趣味小知识

2002 年 10 月，印度海军两架伊尔-38 反潜巡逻机在空中相撞，造成 15 人丧生，其中包括两架飞机上的 12 名飞行人员。当时，印度海军正在为庆祝海军空军中队成立 25 周年而举行飞行表演。

俄罗斯图－142 "熊 F" 反潜巡逻机

图－142 "熊 F" 反潜巡逻机是图波列夫设计局在图－95 轰炸机基础上研制的一款反潜巡逻机，一共制造了 100 架，从 1972 年服役至今。

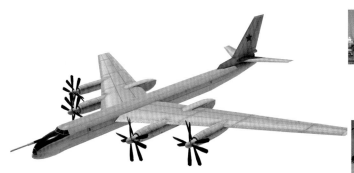

发动机特写

头部特写

研发历史

1963 年 2 月，苏联部长会议下达了研制图－142 反潜巡逻机的命令，由图波列夫设计局在图－95P 轰炸机的基础上设计并制造。图－142 反潜巡逻机于 1968 年 6 月 18 日首次试飞，首批生产型于 1970 年 5 月在苏联海军航空兵部队中投入试用。改进型图－142M 于 1975 年 11 月首次试飞，1980 年 11 月交付苏联海军航空兵使用。此后，为了提高对低噪声潜艇的探测能力，强化电子对抗和通信导航性能，另一种改进型图－142M3 于 1993 年列装俄罗斯海军航空兵，并迅速成为俄罗斯海军岸基反潜的中坚力量。

基本参数	
机身长度	53.08 米
机身高度	12.12 米
翼展	50 米
空重	90000 千克
最高速度	925 千米 / 时
相关简介	

实战性能

图－142 反潜巡逻机主要用于担负在世界各大洋中打击核潜艇的重任。该机可在远海执行反潜巡逻和侦察任务，并配备了反潜鱼雷、反潜炸弹和反舰导弹，可直接对水面和水下目标进行打击。图－142 反潜巡逻机反潜攻击的主要武器包括 ATR-2E 和 ATR-3 轻型声导反潜鱼雷，可有效打击潜深 600 米、航速 30 节的高速潜艇。图－142 反潜巡逻机的机身密布天线系统，可通过 "鸢" 式搜索瞄准雷达、磁声探测系统和投放无线电浮标识别水下目标，完成 300 千米范围内对海对潜探测任务。

俄罗斯卡－25 "激素" 反潜直升机

卡－25 直升机是卡莫夫设计局研制的反潜直升机，北约代号为 "激素"（Hormone）。该机一共制造了 460 架，从 1972 年服役至今。

尾翼特写　　　　　　　　　　　　　　　　旋翼桨毂特写

研发历史

卡－25 直升机于 1963 年 4 月首次试飞，其原型机为卡－20 "竖琴"（Harp）直升机。卡－25 直升机的主要型别包括：卡－25A，基本型；卡－25B，电子战型；卡－25C，通用搜索救援型；卡－25K，民用起重型。除了装备苏联军队，卡－25 直升机还出口到印度、保加利亚、叙利亚、越南等国，并参与了苏伊士运河的扫雷工作。截至 2019 年 4 月，卡－25 直升机仍在叙利亚海军服役。

基本参数	
机身长度	9.75 米
机身高度	5.37 米
翼展	15.7 米
空重	4765 千克
最高速度	209 千米 / 时
相关简介	

实战性能

卡－25 直升机的机舱有很充裕的空间，反潜时，可容纳 2 ~ 3 名系统操作员。载客时，可容纳 12 个折叠椅。该机有自动驾驶仪、导航系统、无线电罗盘、无线电通信设备和全天候飞行用照明系统，反潜型安装有搜索雷达、投吊式声呐和拖曳式磁异探测器。

趣味小知识

卡－25 直升机使用 2 台涡轮轴发动机，安装在机舱顶部两侧，带动两组三叶共轴旋翼，旋翼相互反向旋转。这样就取消了为抵抗扭转力而设置的尾桨。

俄罗斯卡 –27 "蜗牛" 反潜直升机

卡 –27 直升机是卡莫夫设计局研制的一款反潜直升机，北约代号为 "蜗牛"（Helix）。该机共制造了 267 架，从 1982 年服役至今。

基本参数	
机身长度	11.3 米
机身高度	5.5 米
翼展	15.8 米
空重	6500 千克
最高速度	270 千米 / 时
相关简介	

研发历史

卡 –27 直升机的设计工作始于 1970 年，第一架原型机于 1973 年 12 月首次试飞。20 世纪 80 年代初，卡 –27 直升机研制成功并投入生产。1982 年，卡 –27 直升机正式服役，用来取代已经服役十年之久的卡 –25 直升机。由于要求使用相同的机库，卡 –27 直升机被要求具备与卡 25 直升机相似的外观尺寸。除俄罗斯外，越南、韩国和印度等国的军队也装备了卡 –27 直升机。

实战性能

卡 –27 直升机的机身采用了传统的半硬壳式结构，机身两侧带有充气浮筒，在紧急情况下可在水上降落。为了适应在海上使用，机身材料采用抗腐蚀金属。由于共轴双旋翼的先进性能，卡 –27 直升机的升重比高，总体尺寸小，机动性好，易于操纵。此外，卡 –27 直升机的零件要比传统设计的直升机少 1/4，且大多数与俄罗斯陆基直升机相同。由于卡 –27 直升机是以反潜型来设计的，所以只装备了机腹鱼雷、深水炸弹及其他基础武器。

趣味小知识

对于卡 –27 直升机的飞行员来说，最好的事情就是卡 –27 直升机没有尾桨，因此他们的脚无须踩在踏板上控制尾桨，可以在需要的时候站起来进行观察。

英国"塘鹅"反潜机

"塘鹅"（Gannet）反潜机是费尔雷公司研制的一款单发舰载反潜机，一共制造了348架，从1953年服役至1978年。

驾驶舱外部特写

螺旋桨特写

研发历史

"塘鹅"反潜机的研制工作始于二战末期，当时由费尔雷和布莱克本两家公司投标，最后费尔雷公司的设计胜出并命名为"塘鹅"。该机于1949年9月首次试飞，1953年开始批量制造，同年11月起被部署在"皇家方舟"号和"鹰"号航空母舰上。除了作为反潜机，"塘鹅"后来也推出了预警机型号和教练机型号。到1959年停产时，"塘鹅"系列一共制造了348架（反潜型有303架）。除装备英国海军外，德国海军、澳大利亚海军、印度尼西亚海军也有采用。

基本参数	
机身长度	13米
机身高度	4.19米
翼展	16.56米
空重	6835千克
最高速度	500千米/时
相关简介	

实战性能

"塘鹅"反潜机安装有闪光信号弹、声呐和机载雷达，在其机腹弹舱中，可一次挂装2枚鱼雷加3枚深水炸弹，或3枚深水炸弹加2枚水雷，或1枚908千克炸弹，或2枚454千克炸弹，或4枚227千克炸弹。此外，"塘鹅"反潜机还可在机翼下安装武器挂架以携带火箭弹和声呐浮标。

趣味小知识

由于"塘鹅"反潜机装备了大型发动机，导致机体肥胖臃肿，看起来颇像一只笨拙的大鹅，因此被定名为"塘鹅"，还有人说它是"世界上最丑陋的军用飞机"。

英国"猎迷"反潜巡逻机

"猎迷"(Nimrod)反潜巡逻机是霍克•西德利公司(现已被英国宇航系统公司并购)研制的反潜巡逻机,一共制造了51架,从1969年服役至2011年。

研发历史

"猎迷"反潜巡逻机的研制计划始于1964年,原型机由2架"彗星"4C客机改装而成。"猎迷"反潜巡逻机的第一种量产型为"猎迷"MR.1型,1969年10月开始服役。1971年,"猎迷"R.1型开始服役,仅用于测试无线电、雷达标准。从1975年起,英军开始将"猎迷"MR.1型改进为"猎迷"MR.2型,第一架量产型在1979年8月交付给英国空军。1996年7月,霍克•西德利公司得到了"猎迷2000"改进型的合同,1998年年初,这一改进型被更名为"猎迷"MRA.4型。2002年8月,首批"猎迷"MRA.4型在英国伍德福德工厂下线。此外,"猎迷"反潜巡逻机还有一个重要衍生型,即"猎迷"AEW3预警机。

基本参数	
机身长度	38.65米
机身高度	9.14米
翼展	35米
空重	39009千克
最高速度	923千米/时
相关简介	

机体设计

与"彗星"客机相比,"猎迷"反潜巡逻机在尾翼后部的长尾梁上安装了磁异探测器,机鼻加装了搜索雷达,垂直尾翼上加装了电子支援系统的天线,右翼下加装了搜索探照灯。垂直尾翼面积略有增大。驾驶舱风挡、窗口加大。此外,还新设计了非增压的机腹武器舱和系统舱，这使得机身呈现明显的双泡形截面。

实战性能

"猎迷"MR.1型安装有ASV-21D雷达、"黄门"电子对抗设备、ECKO290气象设备、AN/ASN-119"旋转木马"惯性导航系统；"猎迷"MR.2型拥有全新的电子设备和配套装备，更换了所有主要的传感系统和其他设备。它安装有"搜水"雷达、马可尼GEC中央战术系统、AQS901声学系统、AS470无线电和加密系统。"猎迷"MRA.4型安装有"搜水"2000MR多模式对海搜索雷达，诺斯罗普•格鲁门公司的光学电视监视探测系统，史密斯公司的导航和飞行控制系统，以及雷达预警接收机、"埃尔塔"电子对抗系统、磁异常探测系统。

驾驶舱特写

驾驶舱的外部特写

趣味小知识

2006年9月，驻阿英军一架"猎迷"反潜巡逻机在阿富汗南部地区坠毁，机上14名英军士兵死亡。

日本 P-1 反潜巡逻机

P-1 反潜巡逻机是川崎重工业公司为日本海上自卫队研制的四发反潜巡逻机，从 2013 年服役至今。

发动机特写

头部特写

研发历史

P-1 反潜巡逻机是日本《新防卫计划大纲》提出的"动态防卫力量"的核心装备之一，被视为"未来在日本周边开展警戒和监视活动的主力装备"。2007 年 9 月 28 日，P-1 反潜巡逻机首次试飞。2013 年 3 月 26 日，P-1 反潜巡逻机举行了交付仪式。

实战性能

P-1 反潜巡逻机配备了日本东芝公司新开发的 HPS-106 主动相控阵雷达，对海面小型目标的搜索能力比 P-3C 反潜巡逻机大幅增加。机腹总共设有 30 个声呐浮标投放口，除了常备投掷的声呐浮标外，机内还另外储存了 70 枚声呐浮标。机首下方安装有 AN/AAS-44 前视红外线侦搜仪，可全天候识别海面目标，并能发现如伸出海面的潜艇潜望镜类的小型目标。机尾有 1 台与美国 P-8 反潜巡逻机相同的磁异探测器。武器方面，P-1 反潜巡逻机的机腹设有内置弹仓，能容纳制导鱼雷、反潜炸弹等武器。此外，两边主翼最多能挂载 8 枚反舰导弹。因此，P-1 反潜巡逻机兼具反潜与反水面作战能力。

基本参数	
机身长度	38 米
机身高度	12.1 米
翼展	35.4 米
空重	79700 千克
最高速度	996 千米 / 时
相关简介	

趣味小知识

2013 年 5 月 13 日，一架 P-1 反潜巡逻机为了测试超速警报器而从 10000 米高空进行俯冲测试，然而俯冲到 8000 米高度时突然发生 4 个发动机全停的情况，之后机组人员在空中以手动方式重新启动发动机并安全返航。

Chapter 07

电子战飞机

　　电子战飞机是一种专门对敌方雷达、电子制导系统和无线电通信设备进行电子侦察、干扰和攻击的飞机。其主要任务是使敌方防空体系失效，掩护己方飞机顺利执行攻击任务。

美国 EP-3"猎户座"电子战飞机

EP-3"猎户座"（EP-3 Orion）电子战飞机是 P-3"猎户座"反潜巡逻机的电子战改型，一共制造了 16 架，从 1969 年服役至今。

头部特写　　　　　　　　　　尾翼特写

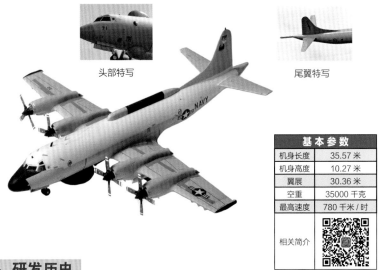

基本参数	
机身长度	35.57 米
机身高度	10.27 米
翼展	30.36 米
空重	35000 千克
最高速度	780 千米/时
相关简介	

研发历史

EP-3 电子战飞机于 1962 年首次试飞，1969 年开始服役，先后有 EP-3A 和 EP-3B 两种型号。1974 年，EP-3 电子战飞机全面替换了 EC-121"超级星座"电子战飞机。此后，洛克希德公司又推出了深入改进型 EP-3E。美国海军一共拥有 11 架 EP-3 电子战飞机，最后一架于 1997 年交付。此外，日本海上自卫队也装备了 5 架 EP-3 电子战飞机。

实战性能

EP-3 电子战飞机的主要任务为电子监听，其机载电子设备多由得克萨斯州 L-3 通信综合系统公司提供，主要电子设备包括 ALQ-76 电子干扰器、ALQ-78 自动化电子支持措施、ALQ-108 敌我识别器干扰器、ALR-132 红外线干扰器、ALR-52 自发式频率量测装置、AAR-37 红外线侦测器等。该机的机组人员有 24 名，包括 7 名军官、3 名飞行员、1 名导航员、3 名战术程序员、1 名飞行工程师，其余为设备操作员、技术员、机械员等。

美国 EA-6 "徘徊者" 电子战飞机

EA-6 "徘徊者"（EA-6 Prowler）电子战飞机是格鲁曼公司研制的舰载双发电子战飞机，由 A-6 攻击机改进而来，主要有 A 型和 B 型两种型号。该机一共制造了 191 架，从 1971 年服役至 2019 年。

研发历史

EA-6 电子战飞机于 1960 年开始研制，前 6 架的机体是以 A-6A 双座攻击机改装而成，初期编号为 A2F-1Q，第 1 架于 1963 年 4 月首次试飞，同时将编号改为 EA-6A。1964 年，EA-6A 开始服役，前后一共制造了 21 架。改进型 EA-6B 于 1968 年 5 月首次试飞，1971 年 7 月开始服役，主要用户为美国海军和美国海军陆战队。2015 年，EA-6B 从美国海军退役。2019 年 3 月，从美国海军陆战队退役。

基本参数	
机身长度	17.7 米
机身高度	4.9 米
翼展	15.9 米
空重	15450 千克
最高速度	1050 千米 / 时
相关简介	

机体设计

EA-6A 电子战飞机与 A-6 攻击机在外观上最大的差异是前者加装在垂直安定面顶部的荚舱，用来容纳 ALQ-86 接收机 / 侦测系统所使用的 30 个天线。此外，两边机翼的空气刹车面也被取消。原先 A-6 机身内部支援对地攻击的航空电子系统大部分都被拆除，不过有限度的全天候轰炸能力仍被保留。EA-6B 大幅改进了 EA-6A 的设计，加长了机身，机组成员由 2 名增加到 4 名，其中 1 名为飞行员，另外 3 名为电子对抗装备操作员。

实战性能

EA-6电子战飞机的核心是AN/ALQ-99战术干扰系统，同时还可以携带5个外挂电子干扰吊舱。每个吊舱安装有2个干扰收发机，干扰机可干扰7个波段中的一个。每个吊舱可自行独立供电，由吊舱前端的气动风扇驱动发电机供电。EA-6电子战飞机能根据不同任务组合携带吊舱、副油箱和AGM-88"哈姆"反雷达导弹。该机垂尾上的整流罩内安装有灵敏的监视天线，能够探测到远方的雷达辐射信号。各种信号由中央任务计算机处理，探测、识别、定向和干扰频率设定可自动完成，也可由机组人员执行。

头部特写

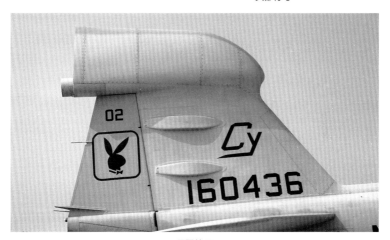

尾翼特写

趣味小知识

在海湾战争中，EA-6B、EF-111A和F-4G三种电子战飞机一起组成联合编队，近距离压制地面防空火力的制导、瞄准系统和通信指挥控制系统。

美国 EF-111A "渡鸦" 电子战飞机

EF-111A "渡鸦"（EF-111A Raven）电子战飞机是以 F-111A "土豚" 战斗轰炸机为基础研制的电子战飞机，一共制造了 42 架，从 1983 年服役至 1998 年。

尾翼特写

头部特写

基本参数	
机身长度	23.17 米
机身高度	6.1 米
翼展	19.2 米
空重	25072 千克
最高速度	2350 千米 / 时
相关简介	

★ 研发历史

1975 年 3 月，EF-111A 电子战飞机的气动原型机开始试飞。同年 5 月，安装有全套干扰系统的第二架原型机开始试飞。1983 年，EF-111A 电子战飞机开始服役。美国空军一共采购了 42 架 EF-111A 电子战飞机，每架飞机的总造价约 4000 万美元（F-111A 基本造价 1500 万美元，外加改造费用 2500 万美元）。1998 年，EF-111A 电子战飞机退出现役。

★ 实战性能

EF-111A 电子战飞机的主要机载设备包括 AN/ALQ-99E 电子干扰系统、AN/APQ-160 攻击雷达、AN/APQ-110 地形跟踪雷达、AN/ARN-52 "塔康" 导航系统、AN/AJQ-20A 惯性导航系统、AP/ALQ-137 电子对抗自卫系统，AN/ALR-62 终端威胁预警系统、AN/ALR-123 雷达干扰接收系统等。与 EA-6B 电子战飞机相比，EF-111A 电子战飞机更适合于承担直接支援任务，其飞行速度较快，活动半径更大。该机执行远距离干扰任务时的速度为 595 千米 / 时，突防护航任务时的速度为 940 千米 / 时，近距支援干扰任务时的速度为 856 千米 / 时。

趣味小知识

在海湾战争中，美国空军有 12 架 EF-111A 参战，作为主要电子战飞机发挥了很大的作用。

美国 EA-18G "咆哮者" 电子战飞机

EA-18G "咆哮者" 电子战飞机是波音公司以 F/A-18F "超级大黄蜂" 战斗 / 攻击机为基础研制的电子战飞机，从 2009 年服役至今。

研发历史

21 世纪初，美国海军装备的 EA-6B 电子战飞机已经服役多年，虽然经过多次现代化改装，但机体结构的老化绝对不容忽视。另外，EA-6B 电子战飞机的机动性能不佳，没有空战能力，执行任务时必须依靠其他战机护航。所以，面对未来战场严峻的形势，美国海军迫切需要装备新一代电子战飞机。2002 年 12 月，美国海军正式启动 EA-18G 电子战飞机项目，波音公司为主承包商，诺斯洛普•格鲁曼公司负责集成电子战套件。2006 年 8 月，波音公司第一架量产型 EA-18G 电子战飞机首次试飞。在经过众多测试后，EA-18G 电子战飞机于 2009 年 9 月正式服役。

基本参数	
机身长度	18.31 米
机身高度	4.88 米
翼展	13.62 米
空重	15011 千克
最高速度	1900 千米 / 时
相关简介	

机体设计

EA-18G 电子战飞机与 F/A-18F 战斗 / 攻击机保持了 90% 的通用性，最大的改动在电子设备上，这无疑大大降低了后勤保障的压力，也节省了飞行员完成新机改装训练所需的时间与费用。EA-18G 电子战飞机的机身采用半硬壳结构，主要采用轻合金，增压座舱采用破损安全结构。机头右侧上方安装有可收藏的空中加油管。

起落架为前三点式，前起落架上有供弹射起飞用的牵引杆。

实战性能

作为 F/A-18E/F 战斗/攻击机的衍生机型，EA-18G 电子战飞机具有和前者相同的机动性能，也具备 F/A-18E/F 战斗/攻击机的作战能力，因此完全可以胜任随队电子支援任务。EA-18G 电子战飞机拥有强大的电磁攻击能力，凭借诺斯洛普·格鲁曼公司为其设计的 ALQ-218V(2) 战术接收机和新的 ALQ-99 战术电子干扰吊舱，它可以高效地执行对地空导弹雷达系统的压制任务。该机可挂载和投放多种武器，其中包括 AGM-88 "哈姆" 反辐射导弹和 AIM-120 空对空导弹，虽然 EA-18G 电子战飞机没有内置机炮，但其具备一定的空战能力，不仅可以自卫，而且可以执行护航任务。

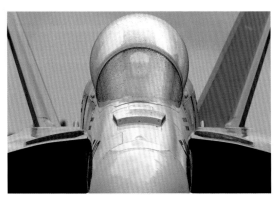

驾驶舱外部特写

折叠机翼特写

趣味小知识

EA-18G 电子战飞机的 AN/APG-79 型机载雷达由雷锡恩公司设计并制造，这种具备电子对抗能力的雷达采用了与第五代战斗机 F-22、F-35 相同的"有源电扫阵列"技术。

美国 EC-130H "罗盘呼叫" 电子战飞机

EC-130H "罗盘呼叫"（EC-130H Compass Call）电子战飞机是美国空军装备的专用于干扰敌方通信的电子战飞机，一共制造了 14 架，从 1982 年服役至今。

驾驶舱内部特写

飞机尾翼特写

研发历史

EC-130H 电子战飞机是洛克希德公司在 C-130 运输机的基础上发展起来的电子战飞机，可对敌方空军的无线电通信和指挥系统以及导航设施进行干扰。该机于 1982 年 4 月正式服役，主要供美国空军进行 C3 对抗。

实战性能

EC-130H 电子战飞机的主要电子设备包括 AN/ ALQ-62 侦察告警系统、SPASM 干扰系统、AN/ APQ-122 多功能雷达、AN/ APN-147 多普勒雷达、AN/ AAQ-15 红外侦察系统、AN/ARN-52 "塔康" 导航系统等。该机的干扰距离远，可在距目标区 120 千米以外对通信设备进行干扰，既能达到干扰目的，又可保证本机安全。另外，该机干扰频率宽、功率大，可一边接收敌方通信信号，一边对其无线电指挥通信和导航设备进行压制干扰。

基本参数	
机身长度	29.3 米
机身高度	11.4 米
翼展	39.7 米
空重	45813 千克
最高速度	637 千米 / 时
相关简介	

趣味小知识

在科索沃战争中，美军派出 4 架 EC-130H 电子战飞机参战，对南联盟通信系统实施全方位干扰和压制。

俄罗斯伊尔-20"黑鸦"电子战飞机

伊尔-20"黑鸦"（II-20 Coot）电子战飞机是以伊尔-18民航客机为基础改进而来的电子战飞机，自1970年服役至今。

头部特写

机鼻部位特写

研发历史

20世纪50年代，为了支持民航需要，苏联开始筹划并研制一款中型客机。伊留申设计局和安东诺夫设计局分别拿出了自己的作品进行竞争，其中伊留申设计局的方案是伊尔-18客机。由于伊尔-18客机性能优异，很快就被苏联军方看中。苏联军方开始寻求将其改造为反潜机和电子侦察机。1970年，在伊尔-18客机基础上改进出的伊尔-20电子战飞机装备部队，北约称其"黑鸭"。

基本参数	
机身长度	35.9米
机身高度	10.17米
翼展	37.4米
空重	35000千克
最高速度	675千米/时
相关简介	

实战性能

伊尔-20电子战飞机外形与伊尔-18客机相同，但加装了大量天线罩与天线。在腹部安装有长10.25米、高1.15米的雷达罩，内装侧视雷达天线；在前机身两侧各有1个长4.4米，厚0.88米的整流罩，内装各种传感器及照相机。此外，该机还装有照明设备、RP5N-3N航空雷达、NAS-1多普勒导航系统、电子侦察与干扰设备等。

趣味小知识

在冷战期间，伊尔-20电子战飞机为苏联获得电子战数据做出了重要贡献。该机经常在挪威海岸上空被发现，有时还在波罗的海以及其南面的英国防空区出现。

Chapter 08

武装直升机

在军用直升机行列中，武装直升机是一种名副其实的攻击性武器，因此也可称为攻击直升机。它的问世使军用直升机从战场后勤的二线走到了战斗前沿，由不具备攻击能力的"和平鸽"成为在树梢高度搏击猎物的"雄鹰"。

美国 AH-1 "眼镜蛇" 武装直升机

　　AH-1 "眼镜蛇"（AH-1 Cobra）直升机是贝尔直升机公司研制的一款武装直升机，一共制造了 1116 架，从 1967 年服役至今。

研发历史

　　20 世纪 60 年代中期，美国在越战中投入使用的直升机由于火力差、装甲薄弱而且速度缓慢，导致损失惨重。美国陆军迫切希望拥有一种高速度、重装甲、强火力的武装直升机，为运输直升机提供沿途护航，并为步兵提供空中火力压制。作为世界上第一代武装直升机的 AH-1 "眼镜蛇"直升机，就诞生于这样的背景之下。1965 年 9 月，原型机首次试飞。1966 年 4 月，美国陆军签订了第一批 110 架的合同。1967 年 6 月，第一批 AH-1 交付并开始服役。该机的主要用户包括美国、土耳其、西班牙、约旦、巴基斯坦、以色列、智利、巴林、泰国、日本、韩国等。

基本参数	
机身长度	13.6 米
机身高度	4.1 米
翼展	14.63 米
空重	2993 千克
最高速度	277 千米 / 时
相关简介	

机体设计

　　AH-1 直升机的机身为窄体细长流线型，两侧有外挂武器的短翼，翼下各有 2

个武器挂架。机头凸起，下方吊装机炮。座舱为纵列双座布局，射手在前，驾驶员在后。前舱门在左侧，后舱门在右侧。起落架为管状滑橇式，不可收放。单引擎型设有比较突出的粗大排气管，由机身后部伸出，与大梁平行。双引擎型的发动机置于双肩，较短的排气管在机身后部并列配置，并以一定角度外倾。

机鼻部位特写

实战性能

AH-1直升机的主要用途是攻击装甲目标，其机身细长、正面狭窄，在一定程度上提高了生存性能，不易被攻击。该机的座椅、驾驶舱两侧及重要部位都有装甲保护，自密封油箱能承受23毫米机炮炮弹射击。AH-1直升机的主要武器为1门20毫米M197机炮（备弹750发），机身上有4个武器挂载点，可按不同配

驾驶舱内部特写

置方案选挂BGM-71"陶"式、AIM-9"响尾蛇"和AGM-114"地狱火"等导弹，以及不同规格的火箭发射巢和机枪吊舱等。AH-1直升机适合海洋性气候环境，占用甲板空间较小，这点对于美国海军陆战队来说非常重要。

趣味小知识

AH-1直升机最初使用的编号为UH-1H，后来美军启用了武装直升机的专用编号"A"，因此被改为AH-1。该直升机因型号不同而有许多称号，如"蝰蛇""休伊眼镜蛇""海眼镜蛇""超级眼镜蛇""W眼镜蛇""Z眼镜蛇"等。

美国 AH-6 "小鸟" 武装直升机

AH-6 "小鸟"（AH-6 Little Bird）直升机是休斯直升机公司（1985 年并入麦克唐纳·道格拉斯公司，后又并入波音公司）研制的一款轻型武装直升机，从 2005 年服役至今。

研发历史

1960 年，美国陆军提出轻型观察直升机计划（LOH），休斯直升机公司、贝尔直升机公司和希勒飞机公司参与了招标。两年后，休斯公司制造了 5 架 OH-6A 原型机与贝尔公司的 OH-4A 和希勒公司的 OH-5A 进行竞争。1965 年 2 月 26 日，休斯公司的 OH-6A 在竞争中获胜。1966 年 9 月，被命名为"印第安种小马"（Cayuse）的 OH-6 直升机开始交付。21 世纪初，为使轻型直升机也能具备一定强度的火力打击能力，休斯公司又在 OH-6 直升机的基础上发展出了 AH-6 武装直升机和 MH-6 轻型突击直升机，均被美国陆军称为"小鸟"。

基本参数	
机身长度	9.94 米
机身高度	2.48 米
翼展	8.3 米
空重	722 千克
最高速度	282 千米/时
相关简介	

机体设计

最初的 AH-6 直升机是以 OH-6 直升机为基础改良而来，后期的版本则是以民用的 MD 500E 直升机为发展蓝本。AH-6 直升机安装了"黑洞"红外压制系统，为了安置这套系统，原来单个纵向排列的排气口被塞住，改为机身后部两侧 2 个扩散的排气孔。为了便于运输，AH-6 直升机的尾梁可折叠。AH-6 直升机的机身通常以无光黑色涂料涂装，这也强调了使用它的单位偏爱借着黑夜的掩护执行特战任务。

机舱后部特写

实战性能

AH-6 直升机是世界上最小的武装直升机，具有低噪声、低红外成像的特点，尤其适合特种作战，所以受到美军特种部队的欢迎。在特种作战行动中，AH-6 直升机可以依靠小巧灵活的特点降落在狭小的街道中，并在放下特战队员后快速起飞脱离危险区域。AH-6 直升机可以搭载的武器种类较多，包括 7.62 毫米机枪、30 毫米机炮、70 毫米火箭发射巢、"陶"式反坦克导弹等，甚至还能挂载"毒刺"导弹进行空战。

驾驶舱外部特写

趣味小知识

在《黑鹰坠落》和《狙击生死线》等电影中，以及《战地风云 3》《战地风云 4》《侠盗猎车手 4》《侠盗猎车手 5》和《使命召唤 4》等游戏中，AH-6 直升均有出现。

美国 AH-64 "阿帕奇" 武装直升机

AH-64 "阿帕奇"（AH-64 Apache）直升机是麦克唐纳·道格拉斯公司（现波音公司）研制的一款全天候双座武装直升机，从1986年服役至今。

研发历史

20世纪70年代初期，鉴于AH-1 "眼镜蛇" 武装直升机在实战中表现良好，美国陆军决心发展一种更为先进的武装直升机，并提出了 "先进技术武装直升机"（AAH）计划，要求研制一种具备较强环境适应能力，可昼夜作战且要具备较强战斗力、救生和生存能力的先进直升机。波音、贝尔、休斯、洛克希德、西科斯基五家公司参与了竞标，其中贝尔和休斯进入了第二阶段竞标。休斯的YAH-64原型机于1975年9月首次试飞，1976年5月竞标获胜，1981年正式被命名为 "阿帕奇"。

基本参数	
机身长度	17.73米
机身高度	3.87米
翼展	14.63米
空重	5165千克
最高速度	293千米/时
相关简介	

机体设计

AH-64直升机的机身采用传统的半硬壳结构，前方为纵列式座舱，副驾驶员/炮手在前座，驾驶员在后座。驾驶员座位比前座高，而且靠近直升机转动中心，视野良好，有利于驾驶直升机贴地飞行。起落架为后三点式，支柱可向后折叠，尾轮为全向转向自动定心尾轮。该机采用四片桨叶全铰接式旋翼系统、钢带叠层式接头组件和弹性体摆振阻尼器。旋翼桨叶为大弯度翼型，采用了后掠桨尖。桨叶上安装有除冰装置，可折叠或拆卸。尾桨位于尾梁左侧，四片尾桨桨叶分两组非均匀分布。

实战性能

AH-64 直升机的主要武器为 1 门 30 毫米 M230"大毒蛇"链式机关炮，备弹 1200 发。该机有 4 个武器挂载点，可挂载 16 枚 AGM-114"地狱火"导弹，或 76 枚火箭弹（4 个 19 管火箭发射巢），也可混合挂载。此外，改进型号还可

使用 AIM-92"刺针"、AGM-122"赛德阿姆"、AIM-9"响尾蛇"、BGM-71"拖"式等导弹。AH-64 直升机旋翼的任何部分都可抗击 12.7 毫米子弹，机身表面的大部分位置在被 1 发 23 毫米炮弹击中后，都能保证继续飞行 30 分钟。前后座舱装甲也能够抵御 23 毫米炮弹的攻击，在 2 台发动机的关键部位也加强了装甲防护。

战场上的 AH-64 直升机

驾驶舱外部特写

火箭发射巢

趣味小知识

相传阿帕奇是一个英勇善战的武士，被印第安人奉为勇敢和胜利的代表，因此后人使用他的名字为印第安部落命名，而阿帕奇部落在印第安史上也以强悍著称。AH-64 直升机以此为名，正是取其"勇敢和胜利"的寓意。

美国 RAH-66 "科曼奇"武装直升机

RAH-66 "科曼奇"（RAH-66 Comanche）直升机是由波音公司与西科斯基公司合作开发的武装直升机，虽然性能先进，但未投入量产。

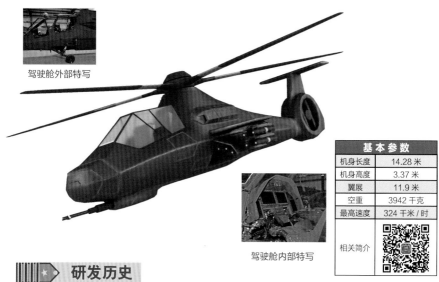

驾驶舱外部特写

驾驶舱内部特写

基本参数	
机身长度	14.28 米
机身高度	3.37 米
翼展	11.9 米
空重	3942 千克
最高速度	324 千米 / 时
相关简介	

研发历史

1988 年，美国陆军发布实验轻型直升机计划（LHX）的招标。1991 年 4 月，波音公司与西科斯基公司组成的研制小组获胜。1991 年 4 月，新型直升机正式命名为 RAH-66。如果加入美军服役，RAH-66 将会是第一架专为全天候武装侦察任务设计且具备低可侦测性的美军直升机。不过，RAH-66 直升机项目最终因为研发资金超支而被取消，另一因素是美军已经逐渐使用无人机作为侦察用途。因 RAH-66 直升机而发展出的技术，后来被整合进 AH-64 "阿帕奇"直升机以及其他的美军直升机研发项目。

实战性能

RAH-66 直升机最突出的优点是采用了直升机中前所未有的全面隐身设计，如机身采用了多面体圆滑边角设计，以减少直角反射面。该机能够承受 23 毫米炮弹直接命中，并能承受 12.8 米 / 秒的速度垂直坠地。在机载武器方面，RAH-66 直升机装有 20 毫米 XM301 双管机炮，短翼能用不同的组合方式携带重量为 864 千克的武器载荷。

美国 S-97 "侵袭者" 武装直升机

S-97 "侵袭者"（S-97 Raider）直升机是西科斯基公司研制的一款武装直升机，在直升机领域具有划时代的意义。截至 2019 年 4 月，该机仍处于研发阶段。

驾驶舱内部特写　　　　　　　　　　　　　　　　　旋翼桨毂特写

研发历史

由于 OH-58D "奇欧瓦战士" 侦察直升机的老化，美国陆军需要购买数百架新式侦察 / 攻击直升机进行替换。2010 年 10 月，西科斯基公司正式启动 S-97 "侵袭者" 直升机的研发项目。2014 年，S-97 原型机制造完成。2015 年 2 月，西科斯基公司开始对 S-97 原型机进行地面测试，主要测试该机的动力系统。2015 年 5 月，S-97 原型机完成首次试飞。该机最大限度地保留了直升机的优点，还弥补了直升机的先天缺陷，在飞行速度、安静性等方面大幅超越了传统的军用直升机，并具备火力打击和运兵双重能力。

基本参数	
机身长度	11 米
机身高度	3.5 米
翼展	10 米
空重	4057 千克
最高速度	444 千米 / 时
相关简介	

实战性能

S-97 直升机在机首下方安装了 1 门新型加特林机炮，与 "阿帕奇" 直升机的单管机炮不同，新型机炮采用了隐形设计：让炮身被包在 1 个圆筒里，共 6 个炮管，射速为每分钟 6000 发左右。同时，在 S-97 机身两侧各有 1 个武器挂架，可挂载 "地狱火" 反坦克导弹类的精确制导武器。此外，S-97 直升机还在尾部推进器两旁增加了平衡翼，可避免导弹发射后的碎片和火焰直接接触到尾部螺旋桨，使直升机在使用任何一侧的武器时都能稳定地控制机身。该机采用共轴对转双螺旋桨加尾部推进桨的全新设计，能以超过 370 千米 / 时的速度巡航，执行突击任务时其速度能进一步提升到 400 千米 / 时以上。

俄罗斯米-24"雌鹿"武装直升机

米-24"雌鹿"直升机是米里设计局研制的苏联第一代专用武装直升机，1972年开始服役。

研发历史

1968年，苏联陆军提出了米-24直升机的设计要求，由米里担任总设计师，1969年原型机首次试飞。1970年米里去世之后，季莫申科接替了他的职务，并主持设计了后来大量装备军队的米-24D直升机。米-24直升机于1971年定型，1972年年底投入批生产，随后开始装备部队使用。除了俄罗斯本国使用，米-24直升机还出口到多个国家，包括阿富汗、阿尔及利亚、安哥拉、印度、伊拉克、利比亚、尼加拉瓜、越南、也门等。

基本参数	
机身长度	17.5米
机身高度	6.5米
翼展	17.3米
空重	8500千克
最高速度	335千米/时
相关简介	

机体设计

米-24直升机的机身为全金属半硬壳式结构，驾驶舱为纵列式布局。前座为射手，后座为驾驶员。后座比前座高，驾驶员视野较好。座舱盖为铰接式，向右打开。驾驶舱前部为平直防弹风挡玻璃，重要部位安装有防护装甲。主舱设有8个可折叠座椅或4个长椅，可容纳8名全副武装的士兵。主舱两侧各有1个铰接舱门，水平分开为两部分，可分别向上和向下打开。舱内备有加温和通风装置。

实战性能

米-24直升机的主要武器为1挺12.7毫米"加特林"四管机枪。该机有4个武器挂载点，可挂载4枚AT-2"蝇拍"反坦克导弹，或128枚57毫米火箭弹（4具UV-32-57火箭发射器）。此外，该机还可挂载1500千克化学或常规炸弹，以及其他武器。米-24直升机的机身装甲很强，可以抵抗12.7毫米子弹攻击。

机鼻部位特写

机翼下挂架特写

趣味小知识

米-24直升机的作战任务主要为压制敌方地面部队和防空火力，并且能够运输少量的步兵到执行战术作战的目的地。因为外形轮廓和迷彩纹路与鳄鱼相似，苏联飞行员称其为"飞行战车"或"鳄鱼"。

俄罗斯米-28"浩劫"武装直升机

米-28"浩劫"直升机是米里设计局研制的一款单旋翼带尾桨全天候专用武装直升机，1996年开始服役。

基本参数	
机身长度	17.01 米
机身高度	3.82 米
翼展	17.20 米
空重	8100 千克
最高速度	325 千米 / 时
相关简介	

研发历史

米-28直升机于1972年开始设计，1982年11月首次试飞，1989年6月完成了90%的研制工作，并在法国的国际航空展中首次亮相。由于设计思维大量借鉴了AH-64"阿帕奇"直升机，因此米-28被西方国家戏称为"阿帕奇斯基"。虽然自问世以来，米-28直升机的综合性能受到俄军的高度肯定，然而苏联解体之后的俄军缺乏足够的采购经费，因此很长一段时间内都无力购买。目前，俄罗斯装备了少量米-28直升机。此外，委内瑞拉、土耳其等国也曾少量采购。

机体设计

米-28直升机的机身为全金属半硬壳式结构，驾驶舱为纵列式布局，四周配有完备的钛合金装甲，并装有无闪烁、透明度好的平板防弹玻璃。前驾驶舱为领航员 /射手，后面为驾驶员。座椅可调高低，能吸收撞击能量。起落架为不可收放的后三点式。该机的旋翼系统采用半刚性铰接式结构，大弯度的高升力翼型，前缘后掠，每片后缘都有全翼展调整片。

实战性能

米-28直升机的主要武器为1门30毫米2A42机炮，备弹250发。该机有

4 个武器挂载点，可挂载 16 枚 AT-6 反坦克导弹，或 40 枚火箭弹（两个火箭巢）。此外，还可以挂载 AS-14 反坦克导弹、R-73 空对空导弹、炸弹荚舱、机炮荚舱。米 -28 直升机的机身横截面小，有助于提高灵活性和生存能力。座舱安装了 50 毫米厚的防弹玻璃，能承受 12.7 毫米枪弹的打击。旋翼叶片上有丝状玻璃纤维包裹，发动机和油箱都有周到的防护措施。

驾驶舱外部特写

机鼻部位特写

趣味小知识

2009 年 6 月 19 日，俄罗斯陆军一架米 -28N 直升机在进行火箭弹发射试验时坠毁，这是米 -28 直升机首次发生坠毁事故。

俄罗斯卡–50"黑鲨"武装直升机

卡–50"黑鲨"（Ka-50 Black Shark）直升机是卡莫夫设计局研制的一款单座武装直升机，从1995年服役至今，主要用户为俄罗斯空军和俄罗斯海军航空兵。

研发历史

卡–50直升机于1977年完成设计，1982年7月27日首次试飞，1984年首次对外公开，1991年开始交付使用，1992年年底获得初步作战能力，1995年8月正式服役。幸运的是，在苏联解体大砍军费前，卡–50直升机就已经进入了全尺寸生产阶段，所以只被减少了制造数量，整个项目并没有因此夭折。

基本参数	
机身长度	13.5米
机身高度	5.4米
翼展	14.5米
空重	7800千克
最高速度	350千米/时
相关简介	

机体设计

卡–50直升机的机身为半硬壳式金属结构，采用单座舱设计。座舱位于机身前端，座舱内安装有米格–29战斗机的头盔显示器及其他仪表，包括飞行员头盔上的瞄准系统。另外，在仪表板中央配有了低光度电视屏幕，它可以配合夜视装备使用。卡–50直升机具有夜间飞行能力。卡–50直升机是世界上第一种采用同轴反向旋翼的武装直升机，2具同轴反向旋翼装在机身中部，每具3叶旋翼，各旋翼的旋转作用力相互抵消，因此不需要尾桨，尾部也不需要再配备复杂的传统系统，整机的重量大大减轻。最重要的是，不再需要传输部分动力去转动尾旋翼，动力尽数供给主旋翼，大大增加了直升机的升力。

实战性能

卡-50直升机安装有1门液压驱动的30毫米2A42机炮，最大载弹量为500发。机身上共有4个武器挂载点，可挂载16枚AT-9"旋风"反坦克导弹，或80枚80毫米S8型空对地火箭（4个火箭弹舱）。此外，该机还可使用AS-12导弹、P-60M"蚜虫"导弹、P-73"射手"导弹、FAB-500型炸弹、23毫米机炮吊舱等。卡-50直升机的座舱具有双层防护钢板，能够抵挡住12.7毫米子弹的射击。座椅下方还装有蜂巢式底架，可以减缓震动，防止飞行员在坠毁或重落地时受伤。最重要的是，卡-50直升机是第一架像战斗机一样配备了弹射座椅的直升机，飞行员利用此装置逃生只需要2.5秒。

驾驶舱内部特写

机鼻部位特写

趣味小知识

卡-50直升机的机尾只是为了平衡全机的空气动力和改善操纵性，即使整个尾部被打掉，卡-50直升机依然可以安全着陆。

俄罗斯卡–52"短吻鳄"武装直升机

卡–52"短吻鳄"（Ka-52 Alligator）直升机是卡莫夫设计局在卡–50直升机的基础上改进而来的武装直升机，从2011年服役至今。

驾驶舱玻璃前挡特写

旋翼桨毂特写

研发历史

20世纪末，为了更好地发挥威力，卡–50直升机非常需要一个能为其提供战场情报、进行协调与控制的保障机型。这样，能够提供各种情报、进行战场控制的双座型卡–52也就应运而生了。该机于1997年6月首次试飞，2011年11月正式服役。

实战性能

卡–52直升机最显著的特点是采用了并列双座布局的驾驶舱，而非传统的串列双座。该机有85%的零部件与已经批量生产的卡–50直升机通用。卡–52直升机安装有1门不可移动的23毫米机炮，短翼下的4个武器挂架可挂载12枚超音速反坦克导弹，也可安装4个火箭发射巢。为了消灭远距离目标，卡–52直升机还可挂载X–25MJI空对地导弹或P–73空对空导弹等。卡–52直升机具有最新的自动目标指示仪和独特的高度程序，能为武装直升机群进行目标分配，以充分发挥卡–50直升机的作用，并协调卡–50机群的战斗行动。

基本参数	
机身长度	15.96米
机身高度	4.93米
翼展	14.43米
空重	8300千克
最高速度	310千米/时
相关简介	

英国 AW159 "野猫" 武装直升机

AW159 "野猫"（AW159 Wildcat）直升机是阿古斯塔·韦斯特兰公司在"山猫"直升机的基础上研制的一款武装直升机，从 2014 年服役至今。

头部特写

尾桨特写

研发历史

AW159 "野猫"直升机是按照英国国防部和阿古斯塔·韦斯特兰公司于 2006 年 6 月签订的战略合作协定授予的第一个主要项目。该机于 2009 年 11 月首次试飞，2012 年 7 月开始交付英国陆军，2014 年正式服役。2013 年 1 月，韩国海军购买了 8 架"野猫"直升机。此外，菲律宾海军和孟加拉国海军也有购买意向。

基本参数	
机身长度	15.24 米
机身高度	3.73 米
翼展	12.8 米
空重	3300 千克
最高速度	291 千米/时
相关简介	

实战性能

AW159 直升机大部分零部件是新设计的，仅有 5% 的零部件可与"山猫"直升机通用。在外形方面，AW159 直升机的尾桨经过重新设计，耐用性更强，隐身性能也更好。该机的主要武器为 FN MAG 机枪（陆军版）、CRV7 制导火箭弹和泰利斯公司的轻型多用途导弹。海军版安装有勃朗宁 M2 机枪，还可搭载深水炸弹和鱼雷。

趣味小知识

2012 年 1 月，AW159 直升机在"铁公爵"号护卫舰上完成了海上着舰试验，随后启动了历时一个月的系列海试。

英国 WAH-64"阿帕奇"武装直升机

WAH-64"阿帕奇"直升机是英国特许生产的 AH-64D"长弓阿帕奇"武装直升机，一共制造了 67 架，从 2004 年服役至今。

"长弓"雷达特写　　　30 毫米机炮特写

|||||▷ 研发历史

鉴于美国陆军 AH-64D 武装直升机的优秀作战能力，英国陆军也迅速引进，由韦斯特兰公司特许生产并命名为 WAH-64。2004 年 4 月，英国陆军开始使用 WAH-64 进行舰载使用试验。同年 10 月，英国陆军宣布 WAH-64 获得初始作战能力。

|||||▷ 实战性能

基本参数	
机身长度	17.73 米
机身高度	3.87 米
翼展	14.63 米
空重	5165 千克
最高速度	293 千米 / 时
相关简介	

WAH-64 和 AH-64D 直升机的区别主要包括劳斯莱斯发动机，1 个新的电子防御套件和折叠机叶，并允许英国式操作。与美国和荷兰不同，英国为其装备的 WAH-64 直升机选装了劳斯莱斯 RTM322 发动机，该发动机可以与 EH 101"灰背隼"直升机通用，其功率达到 1693 千瓦，高于其他"阿帕奇"直升机所装备的 GE T700-GE-701 发动机（1260 千瓦）。WAH-64 直升机的固定武器为 1 门 30 毫米 M230 机炮，备弹 1200 发。

德国 BO 105 武装直升机

BO 105 直升机是伯尔科夫公司研制的一款双发多用途武装直升机，一共制造了 1500 架左右，被全球 40 多个国家和地区采用。

驾驶舱玻璃前挡特写

旋翼桨毂特写

基本参数	
机身长度	11.86 米
机身高度	3 米
翼展	9.84 米
空重	1276 千克
最高速度	270 千米 / 时
相关简介	

研发历史

1962 年，德国伯尔科夫公司根据对民用市场、军用要求、技术发展趋势和自身技术水平的调查研究，提出了 BO 105 直升机的研制计划。新型直升机于 1962 年 7 月开始初步设计，1967 年 2 月首次试飞。1970 年，BO 105 直升机正式服役。

实战性能

BO 105 直升机的机身为普通半硬壳式结构，座舱前排为正、副驾驶员座椅。后排长椅可坐 3 ~ 4 人，长椅拆除后可安装 2 副担架或放置货物。座椅后和发动机下方的整个后机身都可用于装载货物和行李。该机使用普通的滑橇式起落架，舰载使用时可以改装成轮式起落架。BO 105 直升机可携带"霍特"或"陶"式反坦克导弹，还可选 7.62 毫米机枪、20 毫米 RH202 机炮以及无控火箭弹等。空战时，该机还可使用 R550 "魔术"空对空导弹。

趣味小知识

韩国是进口 BO 105 直升机的国家之一，其按许可证制造的武装型号被命名为 BO 105 KLH，增加了通信、导航、电子战、目标锁定系统等设备。

欧洲"虎"式武装直升机

"虎"式直升机是由欧洲直升机公司研制的一款武装直升机，德国、澳大利亚、法国、西班牙等国均有装备。

研发历史

20 世纪 70 年代，鉴于专用武装直升机在局部战争中的出色表现，世界各国纷纷研制这一机种。当时，法国和德国分别装备了"小羚羊"武装直升机和 BO 105P 武装直升机，但多是由轻型多用途直升机改装而来。因此，两国决定以合作形式，研制一种专用武装直升机——"虎"式直升机。该机于 1984 年开始研制，1991 年 4 月原型机首次试飞，1997 年首批交付法国。

基本参数	
机身长度	14.08 米
机身高度	3.83 米
翼展	13 米
空重	3060 千克
最高速度	315 千米 / 时
相关简介	

机体设计

"虎"式直升机的机身较短、大梁短粗。机头呈四面体锥形前伸，座舱为纵列双座，驾驶员在前座，炮手在后座，与大多数武装直升机相反。座椅分别偏向中心线的两侧，以提升在后座的炮手的视野。机身两侧安装短翼，外段内扣下翻，各有 2 个外挂点。2 台发动机置于机身两侧，每台前后各有 1 个排气口。起落架为后三点式轮式。机体广泛采用复合材料，隐身性能较佳。"虎"式直升机采用全复合材料轴承的 4 桨叶无铰旋翼系统，尾桨为 3 叶，安装在垂尾的右侧，平尾置于尾梁后和垂尾前，在两端还装有与垂尾形状相同，但尺寸略小的副垂尾。

实战性能

　　"虎"式直升机安装有 1
门 30 毫米机炮，另可搭载 8
枚"霍特 2"或新型 PARS-
LR 反坦克导弹、4 枚"毒刺"
或"西北风"空对空导弹。此
外，还有 2 部 22 发火箭吊舱。
该机的机载设备较为先进，视
觉、雷达、红外线、声音信号
都减至最低水平。"虎"式直
升机能够抵御 23 毫米自动炮
火射击，其旋翼由能承受战斗

驾驶舱外部特写

破坏的纤维材料制成，并且针对雷电和电磁脉冲采取了防护措施。

机翼下挂架特写

趣味小知识

　　在 1995 年上映的皮尔斯·布鲁斯南出演的首部也是 007 全系列的第 17 部电影
《黄金眼》中，反派齐妮亚·奥纳托和乌鲁莫夫将军偷了一架表演用的"虎"式直
升机，为的是得到黄金眼的硬件密码盒。

意大利 A129 "猫鼬" 武装直升机

A129 "猫鼬"（A129 Mangusta）直升机是意大利阿古斯塔公司研制的一款武装直升机，目前是意大利陆军航空兵的主力武装直升机，并出口到土耳其。

研发历史

20 世纪 60 年代到 70 年代，美军在越南的作战已经显示出直升机的重要作用。为了满足意大利陆军对专用轻型反坦克直升机的需求，阿古斯塔公司于 1978 年开始研制 A109 武装直升机。但意大利军方认为 A109 不能完全满足要求，于是阿古斯塔研制了全新的 A129 "猫鼬" 武装直升机。该机于 1983 年 9 月首次试飞，同年开始服役。为了能够在国际市场占据一席之地，阿古斯塔公司还推出了 A129 国际型。

基本参数	
机身长度	12.28 米
机身高度	3.35 米
翼展	11.9 米
空重	2530 千克
最高速度	278 千米 / 时
相关简介	

机体设计

A129 直升机采用了武装直升机常用的布局，纵列串列式座舱，副驾驶 / 射手在前，飞行员在较高的后舱内，均有坠机能量吸收座椅。机身安装有悬臂式短翼，为复合材料，位于后座舱后的旋翼轴平面内。机身结构设计主要为铝合金大梁和构架组成的常规半硬壳式结构。中机身和油箱部位由蜂窝板制成。复合材料占整个机身重量（发动机重量除外）的 45%，占空重的 16.1%，主要用于机头整流罩、尾梁、尾斜梁、发动机短舱、座舱盖骨架和维护壁板。

实战性能

　　A129直升机在4个外挂点上可携带1200千克外挂物，通常携带8枚"陶"式反坦克导弹、2挺机枪（机炮）或81毫米火箭发射舱。另外，A129直升机也具备携带"毒刺"空对空导弹的能力。该机有着完善的全昼夜作战能力，它有2台计算机控制的综合多功能火控系统，可控制飞机各项性能。机上安装有霍尼韦尔公司生产的前视红外探测系统，使得飞行员可在夜间贴地飞行。头盔显示瞄准系统使驾驶员和武器操作手均可迅速地发起攻击。

驾驶舱内部特写

发动机进气道特写

趣味小知识

　　A129直升机采用了军用STD1290坠毁生存标准，它是继美国UH-60"黑鹰"直升机、AH-64"阿帕奇"直升机后第三种采用该标准的直升机。

南非 CSH-2 "石茶隼" 武装直升机

　　CSH-2 "石茶隼" 直升机是南非阿特拉斯公司研制的一款武装直升机，主要任务是在有地对空导弹威胁的环境中进行近距空中支援，以及反坦克、反火炮、护航。

研发历史

　　由于各方面的原因，南非军队在 20 世纪 90 年代以前要长期面对直接作战任务。这些任务往往规模小但强度大，因此南非军队对装备的要求很高，最重要的要求是独立作战能力必须非常好，性能要可靠，对后勤维护依赖程度低。经过不断努力，南非的地面装备均达到了上述要求。此后，南非陆军又着手研制一种具有世界先进水平的武装直升机，为地面提供支援，这就是 CSH-2 "石茶隼" 武装直升机。该直升机于 1984 年开始研制，1990 年 2 月首次试飞，1995 年投入使用。

基本参数	
机身长度	18.73 米
机身高度	5.19 米
翼展	15.58 米
空重	5730 千克
最高速度	309 千米/时
相关简介	

机体设计

　　CSH-2 直升机的座舱和武器系统布局与美国 AH-64 直升机相似：机组为飞行员、射击员 2 人。纵列阶梯式驾驶舱使机身较为细长。后三点跪式起落架使直升机能在斜坡上着陆，增强了耐坠毁能力。2 台涡轮轴发动机安装在机身肩部，可提高抗弹性。采用了两侧短翼来携带外挂的火箭、导弹等武器。前视红外、激光测距等探测设备位于机头下方的转塔内，前机身下安装有外露的机炮。与 AH-64 直升机不同的是，CSH-2 直升机的炮塔安装在机头下前方，而不是在机身正下方。这个位置使得机炮向上射击的空间不受机头遮挡，射击范围比 AH-64 直升机大得多。

翼下挂架特写

实战性能

CSH-2 直升机安装有 1 门 20 毫米 GA 机炮。每个后掠式短翼装有 3 个挂架，2 个内侧挂架可挂载 68 毫米火箭发射器，2 个外侧挂架能挂容量为 330 升的可抛投油箱或 ZT-3"蛇鹫"激光制导反坦克导弹，2 个翼尖挂架则各能挂载 1 枚 V3B"短刀"红外制导短距空对空导弹，在飞行员的头盔瞄准器没有对准目标的情况下也可发射并击中目标。CSH-2 直升机的驾驶舱舒适，自动化程度高，这对恶劣条件下保持机组战斗力很有优势。

驾驶舱外部特写

趣味小知识

CSH-2 直升机的所有关键部件都是双余度的，不能采用双余度的部件也有其他部件遮挡，例如，主减速器就被 2 台发动机所遮挡。

印度 LCH 武装直升机

LCH 直升机是由印度斯坦航空公司研制的一款轻型武装直升机，截至 2019 年 4 月仍未正式服役。

驾驶舱外部特写   起落架特写

▌▌▌▌▶ 研发历史

为了满足北部山区和边境地区作战署求，印度需要一种能适应高原作战环境的武装直升机。20 世纪 70 年代，印度引进法国"云雀""美洲驼"直升机技术，研制出"印度豹""猎豹"等直升机。但是，这些直升机的性能都不能适应高原山区的作战需求。此后，印度又与德国合作研制了"北极星"轻型多用途直升机。2006 年，印度斯坦公司开始在"北极星"直升机的基础上研制出专用武装直升机 LCH。该机的研制进度数度拖延，原计划 2008 年的首次试飞一直拖延到 2010 年 3 月。目前，LCH 直升机已经获得了印度空军 65 架、印度陆军 114 架的订单。

基本参数	
机身长度	15.8 米
机身高度	4.7 米
翼展	13.3 米
空重	2250 千克
最高速度	330 千米/时
相关简介	

▌▌▌▌▶ 实战性能

LCH 直升机采用纵列阶梯式布局，机体结构上采用较大比例的复合材料。该机的武器包括 20 毫米 M621 型机炮、"九头蛇"70 毫米机载火箭发射器、"西北风"空对空导弹、高爆炸弹、反辐射导弹和反坦克导弹等。多种武器装备拓展了 LCH 直升机的作战任务，除传统反坦克和火力压制任务，LCH 直升机还能攻击敌方的无人机和直升机，并且适合执行掩护特种部队机降。

印度"楼陀罗"武装直升机

"楼陀罗"直升机是印度斯坦航空公司研制的一款武装直升机,从 2012 年服役至今,主要用户为印度陆军和印度空军。

头部特写　　　　　　　　　　　　　　　　　　　　　　尾桨特写

 研发历史

基本参数	
机身长度	15.87 米
机身高度	4.98 米
翼展	13.2 米
空重	2502 千克
最高速度	290 千米 / 时
相关简介	

2007 年 8 月,"楼陀罗"直升机的原型机首次试飞成功。2011 年 9 月,"楼陀罗"直升机完成了 20 毫米机炮的最后发射试验。同年 11 月,"楼陀罗"直升机又进行了"西北风"空对空导弹和 70 毫米火箭的测试。2012 年 9 月,生产型"楼陀罗"直升机完成了地面测试。一个月后,印度国防部批准印度陆军航空兵拥有武装直升机。2013 年 2 月初,"楼陀罗"直升机从印度军用航空器适航认证中心获得了初始作战能力的认可。当月的印度航展上,"楼陀罗"直升机首次公开展出。

实战性能

"楼陀罗"直升机主要用于打击坦克装甲目标及地面有生力量,具备压制敌方防空系统、掩护特种作战等性能。该机安装有 1 门 20 毫米 M621 机炮,还可挂载 70 毫米火箭弹发射器以及"赫莉娜"反坦克导弹(最多 8 枚)和"西北风"空对空导弹(最多 4 枚)。在执行反潜和对海攻击任务时,还可挂载深水炸弹和鱼雷(2 枚)。

> **趣味小知识**
>
> 在研制"楼陀罗"直升机的过程中,印度斯坦航空公司曾获得过德国梅塞施密特－波尔考－布洛姆集团的帮助。

日本 OH-1 "忍者" 武装侦察直升机

OH-1 "忍者" 直升机是日本川崎重工研发的一款轻型武装侦察直升机，从 2000 年服役至今。

驾驶舱外部特写

旋翼桨毂特写

研发历史

OH-1 "忍者" 直升机是日本自行研制的第一种军用直升机，原型机 OH-X 于 1996 年 8 月初首次试飞。由于 OH-1 直升机是日本全新研发的国产机种，测试工作量比以往国外设计的现成机种繁杂许多。因此，日本防卫厅技术本部与陆上自卫队特地在明野航空学校底下设置一个独立的联合飞行开发实验单位，专门负责原型机的技术测试。2000 年，OH-1 直升机进入日本陆上自卫队服役，逐渐淘汰了美制 OH-6D 直升机。

基本参数	
机身长度	12 米
机身高度	3.8 米
翼展	11.6 米
空重	2450 千克
最高速度	278 千米 / 时
相关简介	

实战性能

OH-1 直升机使用了大量复合材料，采用日本航空工业的 4 片碳纤维复合材料桨叶 / 桨毂、无轴承 / 弹性容限旋翼和涵道尾桨等最新技术。纵列式座舱内安装有其他武装直升机少有的平视显示器。尾桨 8 片桨叶采用非对称布置，可以降低噪声，减少震动。OH-1 直升机安装有 20 毫米 M197 型 3 管 "加特林" 机炮，短翼下可挂载 4 枚东芝 -91 型空对空导弹或 2 吨重的其他武器，如 "陶" 式重型反坦克导弹和 70 毫米火箭发射器等。

Chapter 09

无人作战飞机

无人作战飞机是利用无线电遥控设备和自备的程序控制装置操纵的不载人飞机，具有无人员伤亡、使用限制少、隐蔽性好、效费比高等特点，在现代战争中的地位和作用日渐突出。

美国 MQ-1 "捕食者"无人攻击机

MQ-1 "捕食者"（MQ-1 Predator）无人机是通用原子技术公司研制的无人攻击机，1995 年开始装备美国空军。

头部特写

传感器特写

▌▌▌▌▶ 研发历史

1994 年 1 月，美国通用原子技术公司取得"先进概念技术验证机"计划的研制合同。1994 年 7 月，原型机成功进行首次试飞。1995 年年初，被命名为 RQ-1 的新型无人机进入美国空军服役。2001 年，RQ-1 无人机携带 AGM-114 "地狱火"导弹和 FIM-92 "刺针"导弹试飞成功，装备了武器的"捕食者"无人机被重新命名为 MQ-1。自服役以来，"捕食者"无人机参加过阿富汗、波斯尼亚、塞尔维亚、伊拉克、也门和利比亚的战斗。

基本参数	
机身长度	8.22 米
机身高度	2.1 米
翼展	14.8 米
空重	512 千克
最高速度	217 千米/时
相关简介	

▌▌▌▌▶ 实战性能

MQ-1 无人机可在粗略准备的地面上起飞升空，起降距离约 670 米，起飞过程由遥控飞行员进行视距内控制。在回收方面，MQ-1 无人机可以采用软式着陆和降落伞紧急回收两种方式。MQ-1 无人机可以在目标上空逗留 24 小时，对目标进行充分的监视，最大续航时间高达 60 小时。该机的侦察设备在 4000 米高处的分辨率为 0.3 米，对目标定位精度达到了极为精确的 0.25 米。MQ-1 无人机有两个挂架，可携带两枚 AGM-114 "地狱火"导弹或 FIM-92 "刺针"导弹。

趣味小知识

2001 年，一架 MQ-1 无人机成功发回了本·拉登手下一名高级军官藏身地点的实时视频信号，随后多架 F-15E 战斗轰炸机轰炸了这一地区，杀死了这名军官。同年，MQ-1 无人机首次在实战中发射导弹摧毁了一辆塔利班坦克。

美国 MQ-8 "火力侦察兵" 无人机

MQ-8 "火力侦察兵"（MQ-8 Fire Scout）无人机是诺斯洛普·格鲁曼公司研制的一款垂直起降无人机，2009 年开始服役。

研发历史

1998 年 11 月，美国海军提交了发展舰载垂直起降战术无人机的作战需求文件，并于 1999 年 8 月开始招标，诺斯洛普·格鲁曼公司的方案打败了贝尔直升机公司和西科斯基直升机公司的方案。美国海军通过这项计划发展出了 RQ-8A 无人机，后来又研制出了功能更加强大的 RQ-8B 无人机。2005 年，RQ-8B 无人机的编号被改为 MQ-8B。目前，诺斯洛普·格鲁曼公司正在研制更加先进的 MQ-8C 无人机。

基本参数	
机身长度	7.3 米
机身高度	2.9 米
翼展	8.4 米
空重	940 千克
最高速度	213 千米 / 时
相关简介	

机体设计

MQ-8 无人机充分利用成熟的直升机技术和零部件，仅对机身和燃油箱做了一些改进，而机载通信系统和电子设备又采用了诺斯洛普·格鲁曼公司自家的 RQ-4 "全球鹰" 无人机所使用的系统，这样做有利于节省成本和缩短研制周期。MQ-8A 和 MQ-8B 在外形上区别较大，MQ-8A 的旋翼有 3 个桨叶，而 MQ-8B 的旋翼有 4 个桨叶。此外，两者的传感器和航空电子设备也有明显区别。

实战性能

MQ-8无人机可在战时迅速转变角色，执行包括情报、侦察、监视、通信中继等在内的多项任务。同时，这种做法还可为今后进行升级改造预留充足的载荷空间。MQ-8无人机具备挂载"蝰蛇打击"智能反装甲滑翔弹和"九头蛇"低成本精确杀伤火箭的能力，也可以使用"地狱火"导弹和以色列拉斐尔公司的"长钉"导弹。

旋翼桨毂特写

机鼻传感器特写

趣味小知识

2005年7月，MQ-8B分别以74千米/时和96千米/时的飞行速度，成功地试射了2枚Mk 66型70毫米无制导火箭。这是无人旋翼机首次自主完成实装发射，标志着MQ-8无人机在武器化进程中迈出了重要一步。

美国 MQ-9 "收割者" 无人攻击机

MQ-9 "收割者" 无人机是通用原子技术公司研发的一款无人攻击机，主要为地面部队提供近距空中支援，也可以在危险地区执行持久监视和侦察任务。

研发历史

1994 年 1 月，美国通用原子技术公司获得了美国空军"中高度远程'捕食者'无人机"计划的合同。在竞争中击败诺斯洛普·格鲁曼公司后，通用原子技术公司于 2002 年 12 月正式收到美国空军的订单，制造 2 架"捕食者"B 型无人机，之后正式命名为 MQ-9 "收割者"。截至 2019 年 4 月，美国空军已经装备了超过 160 架 MQ-9 无人机。

基本参数	
机身长度	11 米
机身高度	3.8 米
翼展	20 米
空重	2223 千克
最高速度	482 千米/时
相关简介	

机体设计

尽管 MQ-9 无人机和 MQ-1 无人机在尺寸和性能上存在差别，但两者仍然共用相同的控制界面。每架 MQ-9 无人机都配备了 1 名飞行员和 1 名传感器操作员，他们在地面控制站内实现对 MQ-9 无人机的作战操控。飞行员虽然不是在空中亲自驾驶，但他手中依旧操纵着控制杆，同样拥有开火权，而且还要观测天气，实施空中交通控制，施展作战战术。

⬥ 实战性能

　　MQ-9 无人机装备有先进的红外设备、电子光学设备、以及微光电视和合成孔径雷达，拥有不俗的对地攻击能力，并拥有卓越的续航能力，可在战区上空停留数小时之久。此外，MQ-9 无人机还可以为空中作战中心和地面部队收集战区情报，对战场进行监控，并根据实际情况开火。相比 MQ-1 无人机，MQ-9 无人机的动力更强，飞行速度可达 MQ-1 无人机的 3 倍，而且拥有更大的载弹量，装备 6 个武器挂架，可搭载"地狱火"导弹和 500 磅炸弹等武器。

头部特写

MQ-9 无人机尾部特写

🎖 趣味小知识

　　2016 年 5 月 22 日，美军联合特种作战司令部操控的 MQ-9 无人机对车里的塔利班最高领导人阿赫塔尔·穆罕默德·曼苏尔发射了两枚"地狱火"导弹，曼苏尔当场死亡。

美国 X-45 无人机

X-45 无人机是美国国防部高级研究计划局和美国空军联合提出的一项先期概念演示计划，2002 年首次试飞。

前部机轮特写　　　　　　　　　　　　　　　　　　　腹部特写

研发历史

X-45 无人机的主要任务是用来验证无人作战飞机的技术可行性，以更快、更高效地应付 21 世纪的全球突发性事件。1999 年，波音公司得到了一份试验性合同，为美国空军生产 2 架 X-45A 技术演示机。2002 年 5 月，第一架 X-45A 首次试飞。2003 年，后继型 X-45B 没有进入实质性的研制阶段就被取消了，取而代之的是更大更重的 X-45C。

基本参数	
机身长度	8.08 米
机身高度	2.14 米
翼展	10.3 米
空重	3630 千克
最高速度	919 千米 / 时
相关简介	

实战性能

X-45 无人机具有低可探测、维护方便、执行任务费效比高等诸多优点。该机的飞行寿命为 10 年，爬升时加速度可达 20G（载人战斗机通常只能达到 8G），最大飞行速度可达 15 马赫。整架无人机能够装入一个长方形容器内，一架 C-5 "银河" 运输机可以装运 12 个容器。X-45 无人机配备了包括合成孔径雷达和卫星通信设备在内的所有当代最先进的航空电子设备，并在机身下有 2 个挂架，能够挂载炸弹、诱饵弹、精确制导和智能武器等，总载弹量为 1360 千克。

趣味小知识

无论是先发制人式的进攻，还是对敌先发动进攻的反击作战，X-45 无人机都能成功突防，飞越战区，摧毁敌防空设施。

美国 X-47A "飞马" 无人战斗机

X-47 "飞马" 无人机是诺斯洛普·格鲁曼公司研制的一款试验型无人战斗机，2003 年首次试飞。

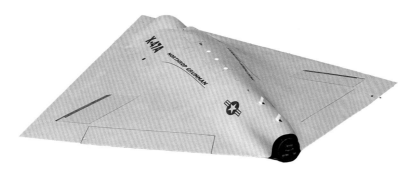

研发历史

X-47 无人机最初是美国国防高等研究计划署（DARPA）旗下的 "联合无人空中战斗系统"（J-UCAS）项目的一部分，但之后转变成美国海军的无人空中战斗系统示范计划（UCAS-D）的一部分，旨在开发一种可在航空母舰上起降的海基无人飞行器。2003 年 2 月 23 日，首架代号 X-47A 的初期版本首次试飞。

基本参数	
机身长度	8.5 米
机身高度	1.86 米
翼展	8.47 米
空重	1740 千克
最高速度	1103 千米/时
相关简介	

实战性能

X-47A 无人机的外形比较奇特，采用了一种具有低可探测性的后掠角很大的飞翼设计方案，该机和美国空军的 B-2 "幽灵" 轰炸机有一定相似之处。该机安装有 1 台普惠 JT15D-5C 涡扇发动机，最大推力为 14.2 千牛，发动机进气口位于机身上方前部。在首次试飞时，X-47A 无人机的飞行高度超过 1000 米，飞行速度为 241 千米/时。在飞行 12 分钟后，精确降落在模拟航空母舰甲板上专门 "抓住" 降落飞机尾钩的一个挂点处。

趣味小知识

X-47A 没有着陆尾钩，也没有航空母舰甲板上停放必需的系留挂钩，维修舱盖缺乏专门设计的固定搭扣，甲板上的风一大，就吹得乒乓乱响。

美国 X-47B "咸狗" 无人战斗机

X-47B "咸狗" 无人机是诺斯洛普·格鲁曼公司研制的试验型无人战斗航空器，2011 年 2 月首次试飞。

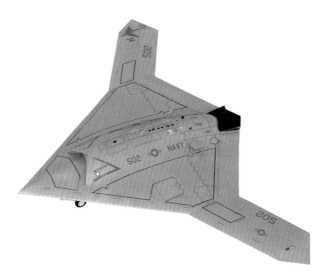

研发历史

2011 年 2 月 4 日，X-47B 无人机在爱德华兹空军基地完成首飞测试。2013 年 5 月 14 日，X-47B 无人机在 "布什"号航空母舰上成功进行起飞测试，并于 1 小时后降落马里兰州帕图森河海军航空站。同年 7 月 10 日，X-47B 无人机从马里兰州帕图森河海军航空站起飞，在 "布什"号航空母舰上降落，完成着舰测试。2015 年 4 月 16 日，X-47B 无人机与 KC-707 空中加油机成功完成空中加油测试。2016 年 5 月初，美国国防部公布了 2017 年度预算案，"舰载监视与攻击无人机"（UCLASS）项目被调整为 "舰载无人空中加油系统"（CBARS）项目，这意味作为空中作战平台的 X-47B 无人机项目将被终止，取而代之的是带有 X-47B 血统的舰载无人加油机。

基本参数	
机身长度	11.63 米
机身高度	3.1 米
翼展	18.92 米
空重	6350 千克
最高速度	1103 千米/时
相关简介	

▐▐▐▐★▷ 研发历史

　　X-47B 无人机的外形与 B-2"幽灵"轰炸机极为相似，其尺寸直逼美国海军现役的 F/A-18E/F"超级大黄蜂"战斗 / 攻击机。X-47B 无人机的外翼由铝合金部件和碳纤维环氧复合材料蒙皮组成，每个机翼配有副翼，并拥有高度集成的电子和液压管路。机翼可以折叠，以便减少占用的空间。X-47B 无人机没有尾翼，可以在着陆时采用大迎角便于减速，而且也不会影响视野。

▐▐▐▐★▷ 实战性能

　　X-47B 无人机最初被定位为舰载远程情报、监视、侦察无人平台，同时能对舰载有人作战平台进行补充，执行有限的对地打击任务。随着 X-47B 无人机的发展不断获得突破，它也被捧得越来越高，由于目标节节升级，难度步步加大，研制项目很难再继续进行下去。X-47B 无人机的时速只有 0.9 马赫左右，载荷能力不到 2 吨，作战半径为 3700 千米，而美军一直没有为 X-47B 无人机量身定制出小型化、精度高、威力足够的配套武器。在这种情况下，X-47B 无人机能勉强执行远程情报、监视和侦察任务，但实在无法应付长程对地攻击任务。此外，X-47B 无人机的打击效能也备受质疑，有分析认为，按照 X-47B 无人机目前的作战性能，一旦进入防空能力较强的国家领空作战，将有很大概率被击落。

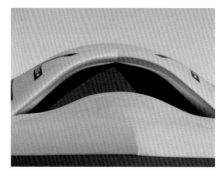

顶部特写

前起落架特写

🏛 趣味小知识

　　X-47B 无人机创造了无人机历史上的多项第一：第一次在航空母舰上弹射起飞；第一次在航空母舰上着舰；第一次与载人机在同一艘航空母舰上共同作业；第一次进行无人机空中自主加油试验。

美国"复仇者"无人战斗机

"复仇者"（Avenger）无人机是通用原子技术公司研制的隐身无人战斗机，2009 年 4 月首次试飞。

尾翼特写

头部特写

基本参数	
机身长度	13.2 米
机身高度	3.4 米
翼展	20.1 米
空重	9000 千克
最高速度	740 千米 / 时
相关简介	

研发历史

"复仇者"无人机是在 MQ-9"收割者"无人机的基础上研制而成，是为美国未来空战需求而开发的新型无人机。最初的研制代号为"捕食者 C"（Predator C）。原型机于 2009 年 4 月进行了首次试飞。截至 2019 年 4 月，"复仇者"无人机仍然没有正式服役。

实战性能

与美军以往的无人机相比，"复仇者"无人机的飞行速度、隐身生存能力、战术反应能力和任务灵活性均有较大的改进。该机有 1 个长达 3 米的武器舱，可携带 227 千克级炸弹，包括 GBU-38 型制导炸弹制导组件和激光制导组件。另外还可以将武器舱拆掉，安装 1 个半埋式广域监视吊舱。在执行非隐身任务时，可在无人机的机身和机翼下挂载武器和其他任务载荷，包括附加油箱。

以色列"哈比"无人攻击机

"哈比"无人机是以色列航空工业公司研制的一款无人攻击机，主要用于反雷达。

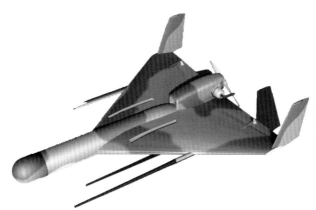

基本参数	
机身长度	2.7 米
机身高度	0.36 米
翼展	2.1 米
空重	135 千克
最高速度	185 千米 / 时
相关简介	

研发历史

"哈比"无人机于 1995 年首次试飞，1997 年在法国巴黎航展上首次公开露面，除装备以色列空军外，韩国于 2000 年耗资 5200 万美元向以色列引进了 100 架"哈比"无人机。此外，土耳其和印度也有装备。

实战性能

"哈比"无人机具有航程远，续航时间长，机动灵活，反雷达频段宽，智能程度高，生存能力强和可以全天候使用等特点。该机采用三角形机翼，活塞推动，火箭加力。该机上配有计算机系统、红外制导弹头和全球定位系统等，并用软件对打击目标进行了排序。"哈比"无人机可以从卡车上发射，并沿着预先设定的轨道飞向目标所在地，然后发动攻击并返回基地。如果发现了陌生的雷达，"哈比"无人机会撞向目标，与之同归于尽，其搭载的 32 千克高爆炸药可有效地摧毁雷达。

趣味小知识

"哈比"无人机的名字取自希腊神话中的鹰身女妖哈耳庇厄。通常认为，哈耳庇厄是海神陶玛斯和大洋神女厄勒克特拉所生；也有说法认为它是堤丰与厄客德娜所生。

以色列 "哈洛普" 无人攻击机

"哈洛普" 无人机是以色列航空工业公司研制的一款无人攻击机，主要用于攻击敌方雷达。

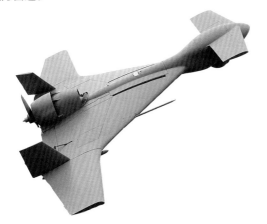

基本参数	
机身长度	2.5 米
机身高度	0.5 米
翼展	3 米
空重	160 千克
最高速度	250 千米/时
相关简介	

研发历史

"哈洛普" 无人机是在以色列航空工业公司的 "哈比" 无人机基础上发展而来，能从地面车辆、水面舰艇等多种作战平台发射。2005 年，以色列航空工业公司在巴黎航展上正式推出 "哈洛普" 无人机，并迅速从土耳其得到首份订单。2007 年 8 月，印度国防部与以色列航空工业公司展开引进 "哈洛普" 无人机的谈判。两年后，印度正式宣布以 1 亿美元的价格引进 10 套 "哈洛普" 无人机。

实战性能

与目前广泛用于侦察、通信的无人机不同，"哈洛普" 集无人侦察机、制导武器和机器人技术为一体，是一种能通过接收和分析电磁波，发现敌方雷达站或通信中心，并将其摧毁的武器系统。总的来说，"哈洛普" 系统由两大部分组成：一是用于攻击的无人机，二是用于运输和遥控的发射平台。"哈洛普" 系统的基本火力单元由 18 架无人机、1 辆地面控制车、3 辆发射车和辅助设备组成。每辆发射车装有 6 个发射箱按照 2 层 3 排固定安装，每个箱内装有 1 架 "哈洛普" 无人机。整套系统具有良好的机动性和隐蔽性，能根据作战需要迅速转移并展开发射，可以在苛刻的战场条件下使用。

俄罗斯"鳐鱼"无人攻击机

"鳐鱼"无人机是俄罗斯米格航空器集团研制的一款隐身无人攻击机，不仅能够对水面目标和地面目标发起攻击，还能执行压制敌方地面防空系统的任务。

基本参数	
机身长度	10.25 米
机身高度	2.7 米
翼展	11.5 米
空重	10000 千克
最高速度	800 千米 / 时
相关简介	

研发历史

早在 2004 年，俄罗斯国防部就决定发展一种用于执行对地攻击任务的空中无人作战系统，包括米格和苏霍伊在内的多家俄罗斯航空企业都加入了竞争，获胜者将得到俄罗斯国防部的研究经费支持。在苏霍伊的竞争方案还处于严格保密阶段时，米格就在 2008 年莫斯科航展中率先公布了"鳐鱼"无人机，目的就是希望赢得先机。不过，由于俄罗斯政府拨付的资金不足且迟迟没有到位，截至 2019 年 4 月，"鳐鱼"无人机仍然没有开始进行飞行试验。

实战性能

"鳐鱼"无人机采用"无尾飞翼"布局，十分强调隐身性能，其机翼前、后缘和机身边缘采用平行设计，将高强度雷达反射波集中到与机身前、后缘垂直的四个方向上；进气道位于机身上方接近机头部位，采用单进气口"叉式"进气，2 个分叉的进气道由 1 个垂直隔膜分开，以防止入射雷达波直接照射发动机风扇的迎风面后形成强反射源；另外，机腹武器舱门和机身所有口盖边缘也被设计成锯齿状。该机拥有 2 个内置武器弹舱，能够携带像 Kh-31 反舰导弹（弹体长度达 4.7 米）这样的大型精确打击武器，以及 KAB-500 精确制导炸弹和 Kh-31P 反辐射导弹等武器。

趣味小知识

"鳐鱼"无人机的气动布局是经过多轮风洞吹风试验才最终确定的，在风洞试验期间，米格还尝试过为"鳐鱼"无人机增加两个 V 字形垂尾，但此举由于影响隐身性能而最后被放弃。

英国"雷神"无人战斗机

"雷神"无人机是英国宇航系统公司研制的一款无人战斗机，2013年首次试飞。

基本参数	
机身长度	12.43 米
机身高度	4 米
翼展	10 米
空重	8000 千克
最高速度	1235 千米 / 时
相关简介	

研发历史

2006 年年初，英国宇航系统公司公开了"雷神"无人机的一些基本情况。同年 12 月 7 日，英国国防部在对总体方案进行了全面细致的评审后，将一项价值 1.24 亿英镑的合同正式授予英国宇航系统公司领导的研制团队。2007 年 11 月 20 日，英国宇航系统公司在兰开夏郡的工厂内举行了机体加工启动仪式。2010 年 7 月 12 日，"雷神"无人机进行了公开展示。2013 年 8 月 10 日，"雷神"无人机首次试飞成功。

实战性能

"雷神"无人机采用了大后掠前缘的翼身融合体布局，机身和机翼的后缘分别对应平行于前缘，可以有效地提供升力，实现更大的续航能力，从而确保具有跨大洲攻击的威力。该机大量应用了低可侦测性复合材料，且制造精度非常高。发动机进气道的后部管道采用了先进的纤维铺设技术，可有效躲避雷达的探测。由于计划的保密性，目前仅知晓"雷神"无人机可以使用 4 枚"地狱火"空对地导弹、2 枚"铺路"激光制导炸弹和 2 枚 900 千克炸弹的武器配置。

> **趣味小知识**
>
> 在英国军方看来，"雷神"无人机扮演着"突入袭击"的角色。与目前所知的中空长航时无人机（如美国"捕食者"无人机）相比，"雷神"无人机能够在复杂的防空系统中以超音速飞行。

法国"神经元"无人战斗机

"神经元"无人机是由法国达索公司主导的隐身无人战斗机项目，另有多个欧洲国家参与研发计划。

研发历史

2003 年，法国国防部部长宣布与欧洲宇航防务集团、达索公司和泰利斯公司签署了一份重大协议，要求尽快开发一款等比例缩小版的概念验证机。之后，法国决定向其他欧洲国家开放"神经元"无人战斗机方案，而该项目也很快吸引了不少欧洲国家关注。2005 年，原有研发团队在吸收了瑞典、瑞士、希腊及意大利等国的数家公司后，又签署了一系列详细备忘录和协议，标志着"神经元"无人机研发团队正式形成。同年年底，法国、希腊、意大利、西班牙、瑞典和瑞士六国政府开始向项目注资。

基本参数	
机身长度	9.5 米
机身高度	米
翼展	12.5 米
空重	4900 千克
最高速度	980 千米 / 时
相关简介	

2006 年 2 月，"神经元"项目正式启动，法国国防部军械装备局代表所有参与国负责项目管理，达索公司作为主承包商负责项目的整体开发。2012 年 11 月，"神经元"无人机在法国伊斯特尔空军基地试飞成功。

实战性能

"神经元"无人机可以在不接受任何指令的情况下独立完成飞行，并在复杂的飞行环境中进行自我校正。它在战区中的飞行速度超过现有一切侦察机。"神经元"无人机能在其他无人侦察机的配合下，反复在敌方核生化制造和储存地区进行巡逻、侦察和监视，一旦发现目标便可根据指令摧毁这些目标。该机也可在前方空中控制员的指挥下，与地面力量密切配合，执行由武装直升机和攻击机完成的近距空中支援任务。

德国 / 西班牙 "梭鱼" 无人战斗机

"梭鱼"无人机是欧洲宇航防务集团研制的一款无人战斗机,主要用户为德国和西班牙。

基本参数	
机身长度	8.25 米
机身高度	米
翼展	7.22 米
空重	2300 千克
最高速度	1041 千米 / 时
相关简介	

研发历史

"梭鱼"无人机研发项目自 2002 年开始启动,早期的研发经费主要来自欧洲宇航防务集团的自筹资金。为了确保"梭鱼"无人机跻身于世界先进无人机之列,其设计方案经历了多次改动。"梭鱼"无人机的机身结构在德国奥格斯堡的欧洲宇航防务集团的工厂制造,机翼在西班牙马德里的加兴工厂制造。2006 年 4 月 2 日,"梭鱼"无人机首次试飞成功。

实战性能

与欧洲其他无人机相比,"梭鱼"无人机具有出色的气动布局和外形设计。该机采用Ｖ形尾翼,发动机进气道位于机背。几乎所有的边缘和折角都沿一个方向设计,这样可以最大限度地降低机身的雷达反射面,从而降低无人机被雷达发现的概率。"梭鱼"无人机的这种气动外形先后在法国、瑞典、德国进行了多次风洞测试,结果显示其飞行性能完全能够满足设计需要。"梭鱼"无人机的机载电子设备系统都采用模块化设计,可以根据任务需要将任务模块组合到机身上。该机的飞行控制系统、目标电子设备,导航系统都采用双冗余度设计。

意大利"天空"X无人攻击机

"天空"X（Sky-X）无人机是意大利阿莱尼亚航空公司研制的一款无人攻击机，2005年首次试飞。

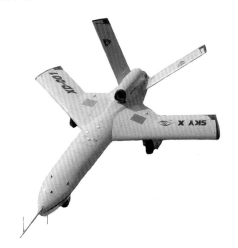

基本参数	
机身长度	7.8 米
机身高度	1.86 米
翼展	5.94 米
空重	1000 千克
最高速度	800 千米 / 时
相关简介	

研发历史

"天空"X无人机原本是阿莱尼亚航空公司响应"欧洲无人攻击机"计划而率先提出的设计方案。由于得到意大利政府提供的2500万欧元的支持，项目进展迅速。除阿莱尼亚航空公司外，意大利国内还有多家公司参与了"天空"X无人机子系统的研制工作。2004年年底，"天空"X无人机开始地面测试。2005年5月29日，"天空"X无人机首次试飞成功。此后，阿莱尼亚航空公司带着"天空"X无人机的技术和经验参加了法国主导的"神经元"无人机项目。

实战性能

"天空"X无人机有一个腹部模块化弹舱，用于放置弹药，其有效载荷为200千克。该机使用一台TR160-5/628型涡轮发动机，动力强劲，可使"天空"X无人机的最高速度达到800千米 / 时，巡航速度达到468千米 / 时。根据阿莱尼亚航空公司公布的数据，"天空"X无人机的最大过载超过5G，航程近200千米。从飞行性能看，"天空"X无人机与美国"捕食者"无人机相比也极具优势。

印度"奥拉"无人战斗机

"奥拉"（AURA）无人机是印度国防研究与开发组织（DRDO）正在研制的一款无人战斗航空载具（UCAV），主要用户为印度空军和印度海军。

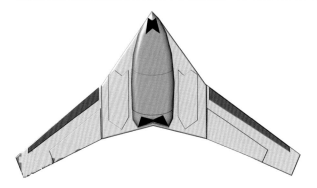

基本参数	
机身长度	未公开
机身高度	未公开
翼展	米未公开
空重	15000千克
最高速度	未公开
相关简介	

研发历史

"奥拉"无人机能够携带导弹、炸弹和精确制导武器，定位与法国"神经元"无人机、英国"雷神"无人机和美国X-47A"飞马"试验机大致相同。该机的设计工作主要是透过印度航空发展局（ADA）进行，计划在2020年开始服役。报道称，印度在"奥拉"无人机项目上得到了法国达索航空公司的技术支持。另外，瑞典萨伯公司和英国宇航系统公司也为"奥拉"无人机项目提供了协助。

实战性能

根据印度航空发展局的描述，"奥拉"无人机是一种具有武器发射能力的自卫、高速、侦察无人机。该机采用"无尾飞翼"布局和隐身外形设计，运用隐身材料和涂层，采用弯曲进气道。根据印度国防研究与开发组织的帕拉德博士的说法，"奥拉"无人机能够在9100米的高空中飞行，装备了先进的任务传感器，内置弹舱可搭载滑轨发射式导弹和"铺路"精确制导炸弹。

趣味小知识

"奥拉"无人机与欧洲"神经元"无人机相似，采用无尾飞翼布局和隐身外形设计，运用隐身材料和涂层，采用弯曲进气道，配装先进的任务传感器，在内埋弹舱中搭载武器。

参考文献

[1] 李大光. 世界著名战机 [M]. 西安：陕西人民出版社，2011.

[2] 青木谦知. 美国空军大揭秘 [M]. 长春：吉林出版集团有限责任公司，2013.

[3] 艾登. 现代世界各国主力战机 [M]. 北京：中国市场出版社，2014.

[4] 西风. 经典战斗机 [M]. 北京：中国市场出版社，2014.

[5] 深度军事. 现代战机鉴赏指南 [M]. 北京：清华大学出版社，2014.

手枪与冲锋枪 鉴赏指南【第2版】

步枪与机枪 鉴赏指南【第2版】

海军陆战队武器 鉴赏指南

作战飞机 鉴赏指南【第2版】

全球火炮 鉴赏指南【第2版】

全球导弹 鉴赏

世界徽章 鉴赏指南【第2版】

世界军服 鉴赏指南【第2版】

军用辅助舰艇 鉴赏指南【第2版】

军用辅助飞机 鉴赏指南【第2版】

主战舰艇 鉴赏指南【第2版】

航空母舰 鉴赏指南【第2版】

民用飞机 鉴赏

军用车辆 鉴赏

航天器 鉴赏指南【第2版】

反恐装备 鉴赏指南【第2版】

世界武器鉴赏系列

现代舰船鉴赏指南（珍藏版）第3版

现代飞机鉴赏指南（珍藏版）第3版

现代战机鉴赏指南（珍藏版）第3版

单兵武器鉴赏指南（珍藏版）第3版

特种作战装备鉴赏指南（珍藏版）第3版

世界名枪鉴赏指南（珍藏版）第3版

坦克与装甲车鉴赏（珍藏版）第3版

二战尖端武器鉴赏指南（珍藏版）第2版

世界手枪鉴赏指南（珍藏版）第2版

早期经典战机鉴赏指南（珍藏版）第2版

美国海军武器鉴赏指南（珍藏版）第2版

空战武器鉴赏（珍藏版）

陆战武器鉴赏（珍藏版）

无人装备鉴赏（珍藏版）

特殊武器鉴赏指南（专家版）

海战武器鉴赏（珍藏版）